法哲学叢書[第Ⅱ期]

1

法多元主義

交錯する国家法と非国家法

浅野有紀

弘文堂

はしがき

　この度、弘文堂の法哲学叢書シリーズの1冊として、本書を執筆させていただくこととなった。単著としては、2冊目となる。1冊目は、2002年に、岩波書店のアカデミック叢書シリーズから刊行した『法と社会的権力――私法の再編成』であった。この間、16年を経過した。この場を借りて、この年来における私の研究の経緯を、少しお話しすることをお許しいただきたく思う。

　前著『法と社会的権力――私法の再編成』は、二部構成で、第一部では契約、第二部では不法行為の基礎理論を考察するものであった。契約理論を論じた第一部においては、契約を、単なる当事者の合意という事実のみではなく、「合意は拘束する」という規範も含め、自発的な協働行為により有意味な社会関係を構築する権能と方法を我々に与える仕組みであると捉えた。

　このような契約観は、基本的に、ハートの「権能付与ルール」の考え方への共感に基づいている。法を、強制を背景に賦課された義務によって人々の行為を統制するものとしてのみ見るのではなく、自発的な社会関係を創造するための手段として、そのような力と方法を人々に与える制度として理解する。また、その前提には、我々にとって、孤立よりも（孤立や孤独も時には悪くはないが）連携や協働が様々なものを生み出す、連携や協働は我々にとって有意味で望ましいものであるという感覚がある。

　このような権能付与的な契約観は、契約当事者間での協働関係だけではなく、より多くの人々による、自発的で私的な集団活動を支えるようなルールや方法論・制度論への関心につながる。契約の拘束力の根拠を、個人の意思自由に基づく「契約の自由」から、何らかの集団的な活動目的を措定して形成される集団活動における「結社の自由」へと視点を移して、考え直すことができるのではないか。そのような結社では、望ましい協働や連携の具体的アイデアが、活動目的に反映されており、その目的の達成のために、ルールや制度が生み出される。人々はルールや制度を作り出すだけではなく、状況に合わせて継続的に改善の提案をすることができる。しかし、そのようなルールや制度の存在自体を否定し、好き勝手に無視するような行為は、協働関係への参加者としては制

限される。他方で、集団は個人にはできないことをする力を持ち、集団の内部にいるか外部にいるかに関わらず、それと関わる個人の自由や権利を制限する恐れもあるから、仮に合意があったとしても、明らかに不法な目的を掲げる活動は認められないし、ルールや制度が人種差別や性差別に基づくものであってはならない、と考えた。

このように、当事者の契約や私的集団活動という、人々の協働関係におけるルールやきまりごとには、協働を可能とする条件としての基本的な意義を認め、そこに拘束力を認めるべきである。しかし、協働関係の維持が不可能で不可逆的な程度の破綻に至った場合には、矯正的正義に基づく不法行為法の領域に話は移行する。矯正的正義に基づく不法行為法の在り方と、現代の事故＝リスク社会における課題については、前著の第二部で論じた。

前著では、タイトルに「社会的権力」という言葉を入れたために、インフォーマルな社会的権力や集団主義によって個人が抑圧されることのないように、中立的な国家法や裁判における権利保障をしっかり実現しなくてはいけない、社会的権力の横行を許してはならないというメッセージが読み取られることもあった。確かに、第二部の不法行為論においては、正義論や権利論を論じたが、第一部は、上で述べたように、私的で自発的な協働関係を促進することにより、個人ではできないことを行う力を与えるのが、私法としての契約法の役割であることを論じたものであった。しかし、そのような権能付与的な法が協働関係の基礎を破壊する搾取や差別を生むことのないように、内容や手続に枠づけや限定がなされていることが必要であると論じ、集団活動を支える法における積極的側面（自由を促進する側面）と消極的側面（不自由・規制の側面）の両面性を描こうとしたものであった。

契約から私的集団活動へ、合意から目的追求のための協働のルールへ、「契約の自由」から「結社の自由」へ、という私の以上のような「私法観の再編成」は、私的集団活動から生み出される規範である非国家法への関心に自然とつながっていった。そして、それはさらに非国家法に注目する法理論である法多元主義への関心につながっていった。

本書で扱う法多元主義は、法における国家法と非国家法の併存を認める立場である。非国家法は、国家ではない集団や組織によって形成される、自主規制

やガイドラインなどの行為規範や、集団の制度化や活動の手続を定める組織規範を含み、ときには独自の紛争解決制度を備えていることもある。このような非国家法は、歴史的にも、国家法が確立する以前には常に存在していたし、近代以降に国家法が法の主要な形態となってからも、国内の部分社会などにおいて存在していた。これに加えて現在では、グローバル化によって国境を越えた人々の活動が拡大し、そのようなトランスナショナルな活動を支えるべきルールの形成や制度化が、国家の手によっては実効的になされ得ない場面が多々生じ、そこで非国家法が形成され、拡大しているという状況がある。国家法と非国家法の併存の状況を説明し、そこにおける問題を論じる法理論である法多元主義は、現在のグローバル化時代には、従来に比して実践的重要性を増している理論的な視点である。

　法多元主義における非国家法は、契約に関わるものから、様々な活動分野における自主規制、インターネット法やスポーツ法など多岐にわたる。そこで、私の研究は、半ば必然的にこれらの個別の非国家法の実態に詳しい実定法学者との共同研究の形で進んでいくこととなった。

　平成 21 年度から 23 年度における「グローバル化における『私法』の変容」（基盤研究（C）代表者浅野）、平成 24 年度から 27 年度における「グローバル化に対応した公法・私法協働の理論構築——消費者法・社会保障領域を中心に」（基盤研究（C）代表者藤谷武史）、平成 28 年度から現在に至る「トランスナショナル・ローの法理論——多元的法とガバナンス」（基盤研究（B）代表者浅野有紀）および「政策実現過程のグローバル化に対応した法執行過程・紛争解決過程の理論構築」（基盤研究（B）代表者原田大樹）の一連の研究プロジェクトが、行政法や民法や商法や国際私法などの多くの研究者との共同研究の機会となった。また、これらのプロジェクトを通じて、法多元主義に関心をもつ海外の研究者との議論も行うことができた。

　そのような研究の発展の中で、もともとは前述のように私法理論から非国家法、法多元主義に関心を持ったのであるが、公法、特に行政法の領域でもまた異なったルートでの法多元主義化がみられることに気づかされた。行政各分野における専門性や技術性や現場性に基づき、議会による一般的要件効果の形式による立法ではなく、行政への委任による規制が増大しており、さらにそのよ

うな行政規制における自主規制の取込みや自主規制への実質的委任という形で、非国家法の存在感が増している。グローバル化以前から、行政国家化は、憲法を頂点とした議会立法による一元的な国家法の在りようを変えるに至っており、国家法自体が多元化し、さらに非国家法も出現し、グローバル化がそれに拍車をかけるという（行政的課題が国境を越えてあらわれることによって、非国家的主体による対応が生じる場面が増大するという）、法の変容の流れを理解することができた。

私法理論からの流れと、公法理論からの流れが法多元主義において交錯することが理解されたので、前述の科研費のプロジェクトのタイトルにもみられるように、公法私法協働論にも研究が広がっていった。この過程で、時々の成果を論文にまとめつつ、現在に至っている。

本書では、以上のような研究の展開を前提に、改めて私法理論や行政国家論や公私協働論を大きく展開することはしなかった。それよりも、法哲学における法の一般理論の展開として、法多元主義がどのように位置づけられるのかを考察し、整理を試みた。特に第1章と第2章は、法実証主義の現代的展開としての法多元主義の位置づけを論じている。これに対して、第3章と第4章は、もう少し個別的な題材を法多元主義の観点から論じてみて、そこでどのような示唆が得られるのかを考えた。第3章は、社会保障を題材にした。第4章は、政教分離に関わる憲法判例を題材とした。第5章で、本書の議論をもう一度見直す視点として、法多元主義的な組織論を論じた。第1章から第5章までは一応のつながりが意識されてはいるが、読者には関心を持たれた部分を独立にでも読んでいただける内容となっている。

本書が出来上がる際には、多くの方にお世話になった。

学生時代の指導教官であった田中成明先生には、今も相変わらず、教えていただき、励ましていただいている。数年前に、法多元主義を研究テーマにしているとお話ししたとき、「法多元主義はよくわからないところもあるが、興味深いテーマであることは間違いない」と言っていただいたことは（私の説明が拙いため、非国家法（的）なものの存在はあまりにも当然である、あるいは逆にそんなものは法ではない、となかなか一般に関心が共有されなかったこともあって）、

とても嬉しかったのでよく覚えている。

　また、今回の執筆の際にも、田中先生が『法と哲学』第３号に昨年執筆された「法の一般理論としての法概念論の在り方について——現代分析法理学への二方向からの批判を手がかりに」を読み、法多元主義における法社会学的観点の重要性についての認識を明確にすることができた。

　今回、歴史ある法哲学叢書のシリーズの１冊として、本書の刊行を提案していただき、貴重な機会を与えてくださった井上達夫先生にも、日ごろから井上先生の談論風発な議論に接し、学ばせていただいていることも合わせて、感謝申し上げる。

　研究の経緯で述べたように、本書は、法哲学以外の分野も含めた研究者との共同研究の成果である。これまでの数次にわたる共同研究におけるコア・メンバーであり、長年にわたり議論を続けさせていただいている原田大樹さん、藤谷武史さん、横溝大さんに感謝申し上げる。また、同志社大学での同僚であり、合同の大学院ゼミを持たせていただいている濱真一郎さんには、いつも英米の法実証主義の最新の動向や文献を教えていただくとともに、法多元主義をめぐる問題意識を議論させていただいており、感謝申し上げる。

　法多元主義は、日本に比較して、海外での議論が進んでおり、海外の研究者との議論も私の目を開かせてくれた。法多元主義に関わるテーマについて、インタヴューに応じていただいたり、シンポジウムや研究会などに呼んでいただき、親交させていただいた、Peer Zumbansen さん、Annnelise Riles さん、Ralf Michaels さんに感謝申し上げる。彼らの先行研究には、本書の中でもしばしば依拠している。

　本書の草稿段階では、横溝大さん、濱真一郎さんに、目を通していただき、貴重なご意見をいただいた。那須耕介さんにも、タマナハの法理論について教えていただいた。私の力不足とスタミナ不足で、これで十分という修正には到底至らなかったが、問題意識を共有してくださった上で、反論や補足の必要性をご指摘いただいた。感謝申し上げる。

　誤字・脱字のチェックなどは同志社大学大学院１年生の小山裕太さんにお願いした。その際、読みにくいところやわかりにくいところなどの指摘もしていただいた。丁寧な作業をしていただいたのに対して適切に対応できたかどうか

心許ないところであるが、感謝申し上げる。

　本書の刊行については勿論であるが、一連の研究で、何かにつけてお世話になっている弘文堂のベテラン編集者、北川陽子さんにも、心より御礼申し上げる。

　他にも、ここで名を挙げさせてはいただかなくとも、感謝を申し上げたい方々がたくさんいる。特に、間近に迫った2018年度の法哲学会の大会テーマは「法多元主義——グローバル化の中の法」であるが、この大会テーマの企画段階において、シンポジウムの参加者の先生方をはじめ、多くの人に支えていただき、助けていただいていることへの感謝を申し添えたい。

　私のこの十数年の研究の歩みについて記したが、今から振り返って考えてみると辿った道はこのようであったという、後づけの説明である。実際には、行き当たりばったりで、しばしば道に迷ったけれども、研究仲間と議論し、思いがけない機会や出会いもある中で、共に進む方向を探ってきた結果である。今回は一応の区切りとなるのではないかと考えている。皆様方には、今後とも、批判も含めて、議論にお付き合いいただき、ご指導いただけたならば、これほど幸福なことはないと思う。そして、次の十数年が経ったとき、また、自分では思いがけない道を進み、知らなかった景色が見えているかもしれないと楽しみにしている。

　　　2018年　暑かった夏の終わりに

　　　　　　　　　　　　　　　　　　　　　　　　　　　浅野有紀

はしがき ································ i

目 次 ································ vii

| 第1章 | 法多元主義概論 ──────────── 1 |

I はじめに ──────────────────── 1

   1 身近な事例から（1）

   2 国家法と自主規制の併存（5）

   3 法多元主義へ（6）

II なぜ「法多元主義」か ──────────── 11

   1 国家法（11）

   2 なぜ、「法」多元主義なのか（13）

III 法多元主義における「法」──────────── 19

   1 法の定義問題（19）

   2 社会的規範としての法（21）

   3 法の機能（25）

IV 法多元主義における「多元性」──────── 31

   1 法の共訳不可能性、矛盾、抵触（31）

   2 Interlegality（32）

   3 システム論（35）

   4 法への統一的視点はあるか（38）

V 法多元主義における記述と規範 ──────── 41

VI おわりに ───────────────── 46

| 第2章 | 法多元主義における法の一次ルール・
二次ルール・三次ルール ──────── 49 |

I はじめに ──────────────────── 49

II フォン・ダニエルズによる
一次ルールと二次ルールの再構成と三次ルール ─── 54

   1 フォン・ダニエルズによるハート理論の再構成（54）

   2 一次ルールにおける法の同定（55）

   3 多様な制度化の基礎としての二次ルール（57）

   4 連繋ルールとしての三次ルール（61）

III コットレルの法多元主義論 ─────────── 62

   1 フォン・ダニエルズに対するコットレルの批判（62）

2 コットレルの「制度化されたドクトリンとしての法」(65)

3 小　　括 (71)

Ⅳ ミヘールズの三次ルール ————————————— 73

1 ミヘールズの法多元主義論 (73)

2 三次ルールと承認のルール (74)

Ⅴ 考　　察 ————————————————————— 78

第3章　福祉国家の変容と法多元主義の試論 ————— 83

Ⅰ はじめに ── 問題の設定 ———————————— 83

Ⅱ 福祉国家の発展における経済・政治・法 —————— 87

1 経済と政治 (87)

2 法 (91)

Ⅲ 日本型福祉国家の発展における経済・政治・法 ——— 98

1 経済と政治 (98)

2 法 (101)

Ⅳ 福祉国家の変容における法の役割 ── 法多元主義的視点 103

Ⅴ 結　　語 ————————————————————— 108

第4章　法多元主義からみる 日本における自治規範の一例 ————————— 111

Ⅰ はじめに ————————————————————— 111

Ⅱ 山口県護国神社自衛官合祀訴訟の概要 —————— 114

Ⅲ 最高裁判決 ———————————————————— 115

Ⅳ 三つの異なった見え方 —————————————— 117

1 第一の見え方：判決に対する反対論の立場から (118)

2 第二の見え方：私人間関係として (120)

3 第三の見え方：教会の関与 (121)

Ⅴ 法多元主義からみた問題点 ——————————— 123

Ⅵ 法多元主義からみた問題解決への示唆 —————— 127

第5章　法多元主義の組織論 ———————————— 131

Ⅰ はじめに ————————————————————— 131

Ⅱ タマナハの組織論 —————————————————— 132

1 タマナハの組織論とハートの「ルールの体系としての法」(132)

2 1 の検討（135）

3 タマナハの「法の二つの志向性」(139)

4 3 の検討（141）

Ⅲ ローズノーの組織論 —————————————————— 142

1 組織数の増大と世界政治における二つの世界（142）

2 二つの世界における六つの組織（146）

3 二つの世界の今度の見通し（149）

Ⅳ 考　　察 ————————————————————————— 151

参考文献 ———————————————————— 157

事項・人名索引 ——————————————— 165

| 第1章 | # 法多元主義概論 |

I　はじめに

1　身近な事例から

　今日、多くの人々にとって、仕事において、また私生活において、インターネットは欠かせないものの一つであろう。旅行や入院などでインターネットを用いない数日を過ごすことがある。そのときインターネットのない生活もあり得るのだと実感することも、また多くの人々の経験であろう。しかしこのことは逆に、旅行や入院生活の非日常性に対する、インターネットの日常性を示すものとも考えられる。

　それでは、ある日から、インターネットにおける通信量が制限されたり、通信が遮断されたり、特定のアプリケーションが使えなくなったりすれば、どうであろうか。確かに、そのようなことが起きてもすぐさま生きていけなくなるわけではないが、情報検索が極端に不便になったり、仕事に著しい支障が出たり、友人と連絡がとれなくなったり、これまで楽しんでいた娯楽が失われたりするであろう。そして一部地域でのインターネットの遮断は、そのグローバルな拡がりから、すぐさま世界的な影響を持ち得る（RUSTAD 2016, p. 3）。このような実質的な不利益に加えて、そのような制限が自分に対して課される理由や仕組みについても不審に思うであろう。

　今、日本を含む世界中で、インターネットへの接続を提供するブロードバンド契約数は急速に増加している。ネットワーク帯域の占有率の高いP2Pファイル交換ソフトの普及は、ヘビーユーザーによる帯域占有を生じているとされる[1]。このようなブロードバンド契約数の増加とヘビーユーザーの占有により

1|　（社）日本インターネットプロバイダー協会等「帯域制御の運用基準に関するガイドライン

インターネット・トラフィックが増大すれば、これによる全体の通信速度の低下を回避する方策が必要となる。特に、大規模災害時などにはインターネット・トラフィックの増大によって、人命救済に必要な通信の遅延などが生じないように対策を講じておくことは喫緊の課題である。

アプリケーションやサービス、利用者などを区別して、使用できる回線容量や通信速度等に基準を設けることで、ネットワーク上のトラフィックを制御することは、「帯域制御」といわれている[2]。この「帯域制御」は、2010（平成22）年から2011（平成23）年にかけて行われた日本の電気通信事業者に対するアンケート調査において、有効回答のあった業者の中の29パーセントが実施しており、11パーセントが実施検討中であるという結果が出ている[3]。このような帯域制御により、特定のアプリケーションが利用できなくなったり、大量送信を行うユーザーに制限がかけられたりすることとなる。

ところで、このような帯域制御を実施するときには、パケットのヘッダ情報やペイロードの情報を分析してアプリケーションの種類やユーザーを識別する方法を用いる業者が多く、これはたとえ制御装置が自動的に動作する場合であっても、憲法21条2項の「通信の秘密の保護」に基づく電気通信事業法4条の「通信の秘密の保護」を侵害し、当事者の同意がなければ処罰の対象となる可能性がある。他方で、この制御実施が正当業務行為として認められるものであれば、当事者の同意の有無にかかわらず、刑法35条により違法性は阻却される。それでは、制御実施が正当業務行為として認められる要件や想定される適用事例はどのようなものであろうか。

以下の要件と具体的事例を見てほしい。

　「帯域制限の実施がISP（インターネットサービスプロバイダ）の正当業務行為として認められるためには、一般的には、①帯域制御を実施する目的がISP等の業務内容に照らして正当なものであること（目的の正当性）、②当該目的のために帯域制御を行う必要性があること（行為の必要性）、③帯域制御の方法などが相当なものであること（手段の相当性）といった要件を

　（改定）」（2012（平成24）年3月）1頁。

2　前掲注11頁注4。

3　前掲注12頁。

満たすことが必要と解される。」

　正当業務行為として認められる可能性が高い具体的事例としては、

●特定の P2P ファイル交換ソフトのトラヒック〔ママ〕がネットワーク帯
域を過度に占有していることにより、他のアプリケーションの通信に支障
が生じている又は支障が生ずる蓋然性が極めて高いため、制御装置を利用
して帯域を過度に占有している P2P ファイル交換ソフトに係る通信を識
別し、当該アプリケーションによる通信量を制限する場合

　……四つの事例省略……

●災害時に通信設備の障害やヘビートラヒック〔ママ〕が発生するなどに
より、ネットワーク全体の逼迫が生じている又は逼迫が生ずる蓋然性が極
めて高い状況において、通信全体の疎通性を確保するため、ユーザーに対
し利用できる域帯を一時的に一律に制限する場合

　正当業務行為として認められるとする、これらの要件と具体的事例の列挙を
みて、読者はこれを何であると思われたであろうか。要件部分は帯域制御に関
する制定法であろうか。電気通信事業法４条の適用に関する刑法35条の解釈
指針であろうか。目的の正当性、行為の必要性、手段の相当性とは、よく見か
ける判例の判断枠組みのようにも見えるだろうか。行政の策定した解釈指針で
あろうか。いずれにせよ、犯罪の成立を左右する、法的影響力を意図したテキ
ストであることには間違いがなさそうである。

　これは、電気通信事業者４団体の日本インターネットプロバイダー協会、電
気通信事業者協会、テレコムサービス協会、日本ケーブルテレビ連盟、MVNO
協議会により形成されている「帯域制御の運用基準に関するガイドライン検討
協議会」により作成され、改定を重ねられているガイドラインである。「事業
者団体が自主的に策定するものであ」って「法的効力を有するものではな」い
が、「本ガイドラインに従って制御を実施した場合には、形式的には『通信の
秘密』を侵害する態様で帯域制御が行われた場合でも、正当業務行為として違
法性が阻却されるとの判断がなされることが期待される」[4] ものである。

　この自主的ガイドラインが通信事業者によって参照され、受容されるならば、
これに従った通信量や特定のアプリケーション利用の制限がなされることとな

4｜　前掲注１３頁。

る。そして、インターネットのユーザーとしては、これらの制限は、同意なし
に課されることになる。そして、ガイドライン作成者の「期待」が実現し、ガ
イドラインに従った行為が違法性を阻却されるならば、仮に通信の秘密の侵害
によって検察官に起訴されても、裁判所において合法と判断されることとなる。
では、裁判所ではこのガイドラインに示された「期待」を無視することはでき
るであろうか。

　インターネットは 1969 年に始められたアメリカの ARPANET と呼ばれる
軍事プログラムから発展したものであるが、防衛関連企業、大学などのネット
ワークとして広がり、1990 年代に民間の商用での利用の拡大、特に 1991 年の
ワールド・ワイド・ウェブ（WWW）の誕生による飛躍的な拡大をみた（Rustad
2016, pp. 7-10)。WWW においては、利用者は特定のアドレスにウェブサイトを
開設でき、これらのウェブサイトを見るための検索エンジンがあり、ウェブサ
イトには相互のリンクが張られている。これらのウェブ上の情報を管理する包
括的な権限を持つ組織や企業は存在しない（松井・鈴木・山口編 2015、4 頁）。イ
ンターネットは、独自の社会圏として成立し、またそれは国境を越えて世界に
つながっており、人々が新しい技術によって手に入れた自由な情報流通の場所
として、国家政府からの干渉を排除する考え方が強かった[5]。技術的な発展に
応じて適切な規制を行う国家の能力には疑問があり、必要な場合には自主規制
を重視する傾向がみられた（松尾 2017、21 頁）。

　日本でも、インターネットに関する包括的な法律はなく、個別の法律規定と
既存の法律をインターネットに適用する他は、自主規制を尊重する方針が採用
されている（松尾 2017、15 頁）。有害情報の排除についても、既述の日本インタ
ーネットプロバイダー協会やテレコムサービス協会などの業界団体の取り組み
に委ねられている部分が大きい（Kozuka 2018, pp. 117-119)。

　以上のようなインターネットをめぐる規制の環境に鑑みれば、インターネッ
トの領域における自主規制としての帯域制御に関するガイドラインが、通信事
業者の行為を律するものとして実効性を持ち、ユーザーの使用に対して同意な
く制限を課し、それが仮に国家の裁判所で争われたとしても合法であるとみな

---

5 ｜ インターネット空間の生成とその自由な空間のユートピア思想の台頭について、松尾 2017、
5-8 頁。

される可能性は非常に高いと思われる[6]。

2　国家法と自主規制の併存

　これから本章での議論を進める際に、前記の事例において注目しておきたいポイントは以下のとおりである。

　第一に、インターネットのように、我々の多くにとって日常生活に不可欠となっている活動において、その活動に同意なく制限を課す根拠が、業界団体のガイドラインという形の自主規制に求められるという事実である。

　第二に、ガイドラインにおける要件と適用事例の書きぶりは、制定法や判決や行政の解釈指針とよく似ている、ということである。

　第三に、この自主規制は国家の裁判所でも合法性の根拠となるべきことが、自主規制の作成者によって期待、意図されていることである。

　第四に、インターネットにおける自主規制の重要性からみて、国家の裁判所でこの期待が実現される可能性は高いということである。

　第五に、国家の裁判所におけるこの自主規制の効力の承認は、憲法の通信の秘密の保護に基づく電気通信事業法に抵触する事業者の行為が、正当業務行為として刑法35条を通じて違法性阻却されるという理論構成によっているということである。

　第一と第二の点は、インターネットにおける自主規制が事実上国家の法と同様の実効性を持っており、見た目も国家の法的テキストと似ていることを示している。つまりこれは法のようなもの、法らしきものに思われる。

　第三と第四の点は、国家法がこの自主規制を排除せず、また自らこの自主規制に代わる法制定をすることもなく、むしろインターネットの規制において自

6　ここで取り上げた事例は刑法の「違法性」の解釈基準として自主規制が考慮される可能性であったが、「偽造カード等及び盗難カード等を用いて行われる不正な機械式預貯金払戻し等からの預貯金者の保護等に関する法律」における金融機関の「過失」や預貯金者の「重大な過失」の解釈が、これらの基準を定めた金融機関の自主規制に従って行われる可能性が高いという類似の事例については Kozuka 2018, pp. 114-117. この小塚論文は、自主規制といっても完全に自主的な規制はむしろ少なく、政府が関与している場合が多いことを論じ、①政府が自主規制を予定している場合、②政府が法解釈において自主規制を承認している場合、③政府が法規制を補完するものとして自主規制を奨励している場合、④政府が法的規制の存在しない分野で自主規制を調整する場合にこれらを分けて論じている。国家の裁判所において、自主規制が法的あるいは準法的な効力を求められる可能性は、このような政府の関与の程度にも左右されるかもしれない。

主規制を利用していることを示している。これは国家法と自主規制の併存を前提に、国家法が自主規制を補助的に用いている、あるいは自主規制が国家法に代替している状況をあらわしている。

第五の点では、自主規制が国家法に代替することを説明する法的理論構成として、インターネットにおける活動の構成要素となっている事業者集団の業務行為の正当性が挙げられている、と見ることができる。すなわちそのような自主的な集団活動の尊重が、国家法において自主規制の効力が承認される際の理由づけとなることが示されている。

インターネットが、一定の通信速度を保ちつつ、特定のユーザーに偏らず一般に使用でき、災害時にも通信能力を保つために必要な規制がどのようになされているのかについて知ろうとすれば、我々は電気通信事業法だけではなくインターネットにおける自主規制を視野に入れなければならない。インターネットという活動領域においては、必要な規制において、国家法と自主規制とが併存しており、今みた事例では、国家法が自主規制を補助的に利用する、あるいは自主規制が国家法に代替する可能性があった。そして、国家法が自主規制を排除しない理由は自主的集団活動の尊重であり、法概念としては刑法35条の「正当業務」が拠り所であった[7]。

3 法多元主義へ

世界におけるインターネットの普及とその重要性の高まりに伴い、「インターネット法」というインターネットに関わる法的な問題を考察する分野が発展してきた[8]。インターネットに関わる規制や法律問題は、既述のように、自主規制を視野に入れなければ論じることができない。先述の帯域制御の例は国内の自主規制であったが、そもそもインターネットのサイバースペースは、特定

---

[7] 近年、行政的な事務が拡大していくのに対して、それに見合うリソースが国家にない場合などに自主規制が拡大する現象が、日本を含め各国にみられるとし、このような自主規制の事例を類型化し、そこではいかなる法的問題が発生しているのかを問うことにより、公法理論の改革を目指す業績として、原田 2007。国家法と自主規制の関係論、中間団体論などを含むこの著作は本書との問題関心が重なる部分が多い（特に 276-295 頁参照）。

[8] このような見方に対しては、インターネットに関係する所有権や不法行為や契約に関する法の運用は存在しても、統一的原理を有するような「インターネット法」などは存在しないという主張もなされる。しかし、WWW のダイナミズムは、著作権法、商標法、特許法などの基本原理を書き換えたとも評価される。Rustad 2016, pp. 28-29.

の領土という目に見えるスペースとは関係のない、目に見えないスペースであって、国家による規制は必ずしも実効性を持たず、超国家的な民間の組織によるガヴァナンスが発展した領域であった。

　例えば、ウェブサイトのアドレスは記号であり、これを日常的に使われる言語に置き換えたドメイン名を割り当てることによって、インターネットの利用はそれまでに比較して著しくわかりやすくなったともいわれているが、このドメイン名の管理は、ICANN（The Internet Corporation for Assigned Names and Numbers）によって担われている[9]。これは政府の機関ではなく、民間の非営利法人である。アメリカのカリフォルニアに本拠地を有し、グローバルな管理を行っている。不正な目的によるドメイン名の登録・使用（例えば、著名な商標と合致するドメイン名を先取りして、商標権を持つ人に対して高額で転売しようとする行為など）があった場合に、商標権者からの申立に基づいてそのドメイン名の取消または移転を実現するために、国連の専門機関である WIPO（世界知的所有権機関）の Uniform Domain Name Dispute Resolution Policy（統一ドメイン名の紛争解決ポリシー）とそのパネルによる決定を受け入れることを条件として、企業などとの間でドメイン名の登録、取消、変更をつかさどっている（RUSTAD 2016, pp. 398-403）。これはいわば、実態に合わないドメイン名の登録を排除し優先利用する権利という、従来は存在しなかった権利の実現を、国連の専門機関の紛争解決基準を採用しつつ、一民間組織が担っているものともいえる（CALLIESS & ZUMBANSEN 2010, pp. 137-139）[10]。

　インターネット法という領域において、自主規制や民間によるガヴァナンスが国家法に代わって、あるいは国家法と協働して必要な規制を行い、権利を分配しているとすれば、いくつかの疑問がわいてくる。これらの自主規制やガヴァナンスの手法はまるで「法」に見えてはこないであろうか。自主規制や紛争解決の制度化が、インターネットにおける人々の活動を構成し、秩序立てている主要な要素なのであれば、国家法よりもこれこそがインターネットにおける「法」と呼ばれるのにふさわしいのではないか。「法」は国家法に限られると考

---

9 ｜ ドメイン名の管理は初めアメリカ政府の管掌であったが、1993 年以降徐々に政府の手から離れていった。*Ibid.*, p. 11.
10 ｜ ICANN の成立過程とその紛争解決方法の詳細については、横溝 2015、268-281 頁。

える理由はないのではないか。そもそも「法」とは何か。

　ローレンス・レッシグは、インターネット法における自主規制を code と呼ぶ（Lessig 2000）。この code は技術的な仕組みに基づいて、インターネットにおける活動の条件を定めることにより、同時にその可能な活動の限界をも設定している。これは、アメリカ合衆国連邦議会のあるワシントンにおける「東部の法」に対して、PC やソフトを開発する産業界を代表するシリコンバレーなどの「西部の法」であるといわれる。そうであれば、インターネット法といわれるものは、国家の法と、国家のものではない法とを含む総合体を指し示す概念ということになるであろう。

　自主規制を含む、国家法ではない規制手段や秩序を「非国家法」として法理論の要素に組み入れ、法の世界を非国家法と国家法の併存する態様として理解する立場は、「法多元主義（legal pluralism）」と呼ばれる。これまでは、読者に身近なイメージを喚起するために、インターネット法における状況を中心に分析してきたが、このような法多元主義が念頭に置く人々の活動領域は、インターネットに限られない。法多元主義の視野は、個別的事例の指摘を超えて、歴史的にも理論的にも広い幅を備えたものである。

　従来の法多元主義が念頭に置いてきた主要な例は、一つは 17 世紀以降のウェストファリア体制に基づく、主権国家を中心とする世界の法秩序が成立する以前の、教会法や商人法などの中世的な非国家法であり、もう一つは 19 世紀以降の植民地体制における宗主国法と現地の固有法の併存であった。近年の法多元主義は、その考察対象を著しく拡大させている。特に、グローバル化は、人々の行動と一定の土地（またその土地を基礎として築かれた共同体）との結びつきを弱め、特定の土地と関連を有しない、人々の活動領域に応じて形成される非国家法の余地を増大させている[11]。既述のインターネット法に加え、商取

11　近年のグローバル化において、従来の独立的自律的な統治活動主体としての性格を大幅に喪失するに至っている近代主権国家は、従来は国家の専権判断に属する国内的問題とされたものについても、政治的・経済的・社会的・文化的な外的圧力に対して、旧来のガヴァナンスとは異なった仕方で対応をとることを余儀なくされていると山元 2009、92 頁は論じている。その上で山元は、グローバル化への対応を迫られる各国において、政治的リーダーシップの確保のための制度的整備の方向性がみられたとする（同 94 頁）。そして、グローバル化において生じている、多様で喫緊の問題に対応する際には、分散的で不明瞭な民意に基づいて、受動的な対処しかできない議会制民主主義よりも、積極的な政治的リーダーシップの重要性

引に関わるレークス・メルカトーリア（*lex mercatoria*）といわれるもの（本書第2章I「はじめに」も参照）や、国際金融における自主規制、戦争や災害による傷病者救護活動に関わる赤十字や国境なき医師団の組織・活動規定、国際オリンピック委員会（IOC）の組織・活動規定に代表されるスポーツ法、近年工場や学校などの門前で認証の表示を見かけることが多くなった環境マネージメントに関するISO14000の国際規格や、過度の森林伐採などを抑止する目的で作られた国際的非政府組織（NGO）である森林管理協議会（Forest Stewardship Council）の原則、遺伝子治療に関するユネスコの「ヒトゲノムと人権に関する世界宣言」[12]、世界医師会のヘルシンキ宣言、世界保健機関によるガイドラインなど、その例は枚挙に暇がない。これらの非国家法は、国家法の適用範囲外で、また国家法と部分的に併存し、また国家法に組み込まれながら、人々の行動を導き、可能な行動の範囲を定めるものとして、その存在感を強めている。また、これらの法が適用される制度として、国家の裁判所以外に、様々な仲裁機構や自主的紛争解決手続が存在するに至っている。

　以下この章では、非国家法を法理論に取り込む法多元主義について、その意義と、論ずべきポイントを、「法多元主義概論」として述べていきたい。

　　　　が増すことが指摘されている（同96-97頁）。このような見解は、グローバル化において進行している諸問題の断片化に対して、アジェンダの設定や解決における統一的政治的方向性を打ち出すことができるようなリーダーシップが必要となると主張するもので、多元主義的な対応によることとは対立するようにも思われる。しかし、議会制民主主義の限界に対応するために生じてきた行政国家化を前提に、各政策的問題について、問題設定と解決の方向性を打ち出す積極的なリーダーシップが必要であるという見解は、本書での法多元主義と共通する面もある。ただ法多元主義においては、それが国家の政府だけの役割ではなく、他の非国家的組織においても実現され得るのではないか、そのようなリーダーシップを非国家的組織において発揮することが問題解決のために有効ではないか、と論じる点に違いがあるように思われる。

12　　生命倫理に関する「ヒトES細胞の樹立及び使用に関する指針」、代理懐胎に関する日本産婦人科学会の内規、終末期医療の決定プロセスに関するガイドラインなどのソフトローについては、平野2013、179頁以下を参照。平野はこの論文において、ソフトローを、社会に対して規範的には閉ざされた自律的法システムのフロンティアに位置するものと捉え、強制力を伴うハードローでは適切に対応できない社会的領域に法化を及ぼす手段であり（同189頁）、そこではハードローとソフトローを含む法システムの自立を保持する基礎的法原理に対する公正な一致としての合意（生命倫理においては「人間の尊厳」）がなければならないとする（同200頁）。本書で探究する法多元主義は、ハードローとソフトローの同一の法原理的基盤より、その対立と調整関係に関心を持つ点で、平野の立場とは異なっている。しかし、「本稿は『私的』な指針を含めて一定の規範的規制力を有する規準をソフトローすなわち『法』の一種と見る」（同205頁の注（6））と述べられている点などにおいて、法多元主義と平野論文は類似の問題関心にもつながっていると思われる。

次のⅡでは、法多元主義の意義を論じる。先に述べたようにインターネット法と呼ばれる分野においては、人々が実際にどのような基準に従って行動をし、どのような制約が課され、そこにどのような問題があるかを理解するためには、国家法と自主規制の両者をみなければならない。この主張自体については、これまでに述べたところから明らかであろう。国家法のみをみても、インターネット法の実態はわからないのである。しかし、それだけならばそれぞれの領域において、法律と自主規制がどのように定められており、その相互関係はどうであるか、ということを理解すれば足りるかもしれない。なぜ、自主規制を法＝非国家法として法理論のうちに位置づけるのか。まず、この点を論じる。

　その後、このⅡを前提にして、法多元主義に立った場合に論じられなければならない問題を順番に論じる。Ⅲでは、法多元主義における「法」とは何かという問題について論じる。Ⅳでは、法多元主義における「多元性」とは何かという問題について論じる。ここでいう多元性とは、いかなる世界観を前提としているのか、それはいかなる特徴を持った思考法なのかが論じられることとなる。最後にⅤでは、法多元主義においては、記述と規範との関係はどのように考えられることになるかを考察する。またこれと関わる、法多元主義とリベラリズムの関係性について言及する。

　したがって、以降の議論においては、これまでのインターネットにおける規制の事例のような具体的な議論とは異なり、法多元主義をめぐる抽象的な理論が展開されることになる。しかし、法多元主義において非国家法の「法性（＝legality）」(CULVER & GIUDICE 2010) について論じる際には、抽象的に論じるだけではなく、何らかの具体例を念頭に置く方が理解されやすいというのが、この数年間、法多元主義の議論に関わって得た実感でもある。おそらく、国家法といえば、誰でも多かれ少なかれイメージできる（実際には国家法も国家によって非常に異なっており、国家法に普遍的な特徴を示すことはできないため (CULVER & GIUDICE 2010, pp. 129-138)、そのイメージは不確実であるが）のに対して、非国家法といわれると何のことなのか、共通にイメージができるものがない曖昧さがあるからであろう。非国家法の具体例は、先ほど従来の法多元主義や、近年のグローバル化の下での法多元主義で念頭に置かれている例、その他にも自然法や「生ける法」などのよく知られた例もあるが、あまりあちこちに言及してもま

たイメージが拡散してしまう恐れがある。そこで、以下では、引き続き、抽象論を時折インターネットの事例に引き戻して説明するように試みたいと思う。もちろん、ふさわしいと思われる場合には別の具体例にも言及する。

II　なぜ「法多元主義」か

1　国家法

　法多元主義は、法という現象を、国家法と非国家法の併存としてみる。これに対して、法とは国家法のみであるという考え方は、国家法一元主義であり、法多元主義はこの考え方には与しない。しかし、このことは現在国家法が法の主要で、重要な在り方であることを否定することを含まない[13]。その意味で、法多元主義は、法という現象の中には国家法のみではなく非国家法が含まれる、という記述的な立場からスタートする[14]。

　法は国家法には限られない、という認識は、「法多元主義」というラベルを貼らずとも、ある意味では常識であるともいえる。「"Ubi societas, ibi jus."＝社会あるところに法あり」とすれば、人々が集団で活動をする時には一定のきまりごとやルールが必要となり、それが秩序を形成するということは誰もが知るところである。歴史的にも、市場や商取引などの経済活動や、宗教活動や、家族・親族関係などにおいて、国家とはかかわりのないある種の法が存在し、

[13]　グローバル化において地球規模の課題が生じてきた中での国家の役割を改めて論じるものとしては瀧川 2017。グローバル化における国家の衰退がいわれ、グローバルな格差の拡大における国家という境界の道徳的恣意性が指摘される中で、国家の存在意義が再検討されている（同 1-2 頁）。国家の存在意義は、国境を越えた地球規模の問題に対して対応できるような「法的状態実現義務」が我々にはあることを前提に、それが割当責任を担う国家によって分業されるところに求められている。この分業は地球を領域的に分けることによるだけではなく、機能的に分業することによっても達成されると考えられている。貧困、飢餓、保健衛生、教育、ジェンダーの平等、エネルギー、雇用、インフラ整備、格差、気候変動、環境破壊、難民、租税回避などの機能が、それぞれ別の機関に割り当てられ、それぞれの機関が相互に抑制均衡するような「複合国境論」が唱えられている（同 316-318 頁）。このような機能的分業の主体は国家であるよりは国家の諸機関であり、各機能的問題を所轄する行政官庁、裁判所、立法府が国際的なネットワークを形成すると考えられている。このような考え方は、本書で展開する機能的法多元主義とも親和的であるように思われる。ただ法多元主義では、このような機能的分業が国家機関のみではなく、非国家的機関によっても担われ得ると考える点が異なっているといえるかもしれない。

[14]　法多元主義の意義がもともと、「法とは国家法であり、国家法でなければならない」とする legal centralism の「イデオロギー」に対する、社会科学的・記述的学問であるところに求められていたことについては、Griffiths 1986, pp. 1-3, Dupret 2007, p. 296 も参照。

人々の集団活動を導いてきた事実も、また誰もが知るところであろう。

しかし、ヨーロッパ近世において、宗教の社会統合力が弱まり、封建的分権的統治も徐々に集権化されていくと、社会を統一する単位として、国家が中心的な役割を果たすようになってきた。成立した国家に対抗するために、もっと緩やかな連合体であった地域も国家として統一され、ウェストファリア条約（1648年）に象徴される、国家の並び立ちによる世界秩序が形成されるに至った[15]。

法思想史における議論枠組みとしては、自然法論と法実証主義の対立が長らく論じられてきた。自然法則を念頭に置いたギリシャにおける自然法論以来、中世のキリスト教的自然法論を経て、グロティウス、ホッブズ、ロックなどの近世・近代自然法論は、国家法以前に存在する法を想定した。これに対し、見えるもの、書かれたもの、人によって規定されたものを法と考える法実証主義は、主権国家の法を法理論の中心に据えてきた。立憲主義国家の成立以降、自然法の内容は憲法において実定化され、憲法を頂点とする階層的な国家法秩序の形成と適用が法学の考察対象とされてきた。法理学においても、承認のルール、特に究極の承認のルールを頂点として制度化された国家法（ハート）、根本規範を頂点とする授権の体系としての国家法（ケルゼン）などが、ある種のひな型として論じられてきた。

しかし、近年、1990年代から加速したグローバル化による国家の相対化も一つの契機となり、国家以外の、地方的または超国家的な人々の活動が拡大するにつれ、そこで必要とされ、生成発展するルール群や規範の在り方や問題点が論じられる機会が多くなった。それを単にある領域での社会問題として論じるのではなく、法理論として論じようとする傾向が「法多元主義」として定着しつつある（Douglas-Scott 2014, p. 80, Waldron 2010, p. 135, Berman 2016, p. 153）。

とはいえ、歴史の発展において、法が国家法としてその理念型を確立してい

15 　もっとも、ウェストファリア条約が主権国家の並び立ちによる国際秩序の成立の端緒であるとする、長らく受容されてきた国際法の歴史観に対して、それは19世紀中葉以降に作られた「神話」であり、実態は従来の神聖ローマ帝国の制度の整理と延長に過ぎず、そこではハンザ都市同盟など、非国家的主体も認められていたことが指摘されている（明石2009、第1部第4章、第2部第4章参照）。ウェストファリア条約に対するこのような見方は、国家一元主義的な世界観がイデオロギー的に作られたものであることを示唆し、国際法における国家の位置づけを相対化するものといえる。

るとすれば、なぜ今またその他の不明瞭なものを法の概念の中に取り込んで論じる必要があるのだろうか。実際、単に、人々の生活を律するルール体系や秩序としては国家法以外の規範も重要であるという、ある意味では誰もが知る、記述的な主張であれば、「法」多元主義でなくても「規範」多元主義でもかまわず、そのネーミングにこだわる必要はない、という立場もあり得る[16]。

2　なぜ、「法」多元主義なのか

　確かに、国家法ではない法的なものを、非国家法と呼ぼうが呼ぶまいが、法多元主義と言おうが、規範多元主義と言おうが、我々は結局同じことを知ることができるのであれば、法多元主義の意義はないと言えるかもしれない。それでは、法多元主義を主張することによって何か変わるのであろうか。

　まず、わかりやすい点からはじめると、**第一に、国際私法の議論においては、非国家法を法と呼ぶか単なる社会的規範と呼ぶかで、違いが生じる**であろう。

　国際私法はかつて国際法であると考えられたこともあったが、現在では各国における国内法であると考えられるのが通常である。そして、今日の世界秩序が、各主権国家の並び立ちにより構成されているとすれば、各国が互いの国家秩序を他のものに優先して特に法として尊重しあい認め合うことは、自らも含めた既存の秩序の維持に役立つ（Rödl 2008, p. 325）。現に、国際私法においては、法の抵触において法とみなされるものを国家法に限定してきた[17]。

　しかし、国際私法の存在意義が、異なった法秩序間をまたいで人々の活動が行われるときに、当事者にとって最も密接な関連性を持つ法を適用することによって、行為結果の予見可能性を高め、また相応しい紛争解決をもたらすことにあるとすれば、そこにおける法は必ずしも国家法のみとは限らない。当事者

16　規範多元主義（norm pluralism）とそれに対するシステム論の観点からの批判的検討については、NOBLES & SCHIFF 2013, pp. 105-115.

17　これに対して、国際私法を各国法間の衝突すなわち主権の衝突を解決するものであるとみる考え方に反対し、「国際私法の沿革を見ると主権の観念が加味されるようになったのはきわめて新しいことであり、中世においては領土および国民の両者を支配する近世的意味における絶対的な主権の観念は存在していなかった。……（国際私法は）それが本来主権の概念と没交渉であることが知られるのである」という田中耕太郎の批判もある（田中（耕）1953、323頁）。世界人類的な法の統一を目指す田中の世界法論と本書における法多元主義には距離があるが、田中も法の一部は各国の気候や風土や習俗に従って差異があり、統一は不可能であるから、この領域では国際私法が永続的生命を持つことを認めている（同327頁）。

が自らの法であると認識してそれに従って行為したものであれば、例えばジプシーのロマ法のような民族法であっても、イスラム法（シャリーア）のような宗教共同体の法であっても、その適用を認めることが、いくつかの法秩序をまたいで行われた行為の法的安定性を図るという国際私法の目的には寄与するはずである。インターネットにおける電子商取引における自主規制が、例えば各行為地の法よりも当事者にとって準拠すべき法としての役割を果たしているときにも同様である。

　以上のような問題意識の上で、国際私法の議論においては、従来の国家法のみを法選択の対象とする議論に代わる、非国家法の選択の可否と条件が探究されている[18]。

　国際私法の分野における知見は、法多元主義にとって重要性が高い。国際私法は、渉外的活動を私法の観点から取り扱う法分野であり、自国の裁判所において他国の法秩序を選択・適用し、また他国の判決を承認・執行する法的方法を定めるものである。その性質上、国内法秩序の統一的解釈や、各国における法と社会の一体視という、国内実定法が前提とする視点から離れ、世界における法秩序の多元性を意識し、異なった法秩序の併存により生じてくる法の抵触にいかに対応するかを論じてきた。このような国際私法の視点は、法多元主義との親近性があり、国際私法研究者が法多元主義を論じる場合は多い。国際私法の中で生み出されてきた法の抵触に対応する方法論は、法多元主義において法の範囲を広げることに伴い拡大する、法の抵触に対応する方法論を論じる際に大いに参照される（Michaels & Jansen 2008, pp. 106-107. 西谷 2017、43-50頁）。

　このように、法多元主義と視点や問題意識を共有する国際私法においては、非国家法を法と認めて準拠法選択などの対象に含めていくか、単なる社会的規範としてその可能性を否定するかという違いが生じる。

　しかし、国際私法という、若干特殊な法分野以外では、法多元主義にいかな

18　Rödl 2008, pp. 326-328 は、実質私法と国際私法が各国家の国家法として分断されている従来の方法論が、グローバル化におけるトランスナショナルな活動の拡大に従って不十分なものとなっている現状における、三つの代替案を論じている。それらは①仲裁の利用、② UNIDROIT 等の非国家法の利用、③当事者による法（実質私法と国際私法の両者を含む）選択である。①②とともに③も、法の妥当根拠が個人の意思にあるという意味で非国家的性質を持つとされる（*Ibid.,* p. 329）。彼女自身は、法を基礎づけるべき民主的正統性からこれらの方法論に対しては懐疑的である。またグローバル化における非国家法の展開に対応した国際私法理論の探究の試みとして、横溝 2009、3頁。

る意義があるだろうか。

　規範多元主義ではなく法多元主義であることの意義は、第二に、**非国家法も法のうちに含めて考察することが、法現象の理解としてより十分なものとなる**からである。インターネットにおける帯域制御においては、仮に「帯域制御の運用基準に関するガイドライン」に沿った違法性阻却が認められるとすると、憲法、通信事業法、刑法の規定と共に、ガイドラインをみなければ、電気通信事業法と刑法が実際にどのような法的効果を生じるのか、つまり犯罪の成否はわからなかった。このように国家法が実際にどのような法的効果を生じるのかを知るために不可欠な、法のようにみえるものを、法に含めて論じることは、そうでないよりも法現象の理解を高めるし、国家法の理解にも不可欠である。

　第三に、グローバル化時代にふさわしい法理論を構築するためには、法のうちに国家法のみではなく非国家法をも含めて論じなくてはならないと主張し、国家法と非国家法の両者を視野に入れているという意味で不偏な「一般法理学（general jurisprudence）」[19] を提唱するトワイニングは、そのような視野拡大の理由として、**西欧法中心主義からの脱却**を挙げる[20]。近代法の理論は、西欧のアカデミックな法文化を前提として構築されており、そこでは国家法中心的で、世俗的、実証主義的、階層的、非経験的（概念分析的）であり、道徳的には普遍主義的な法理論がモデルであった、とされる（TWINING 2009, p. 6）。しかし、このような西欧限定的な法モデルは、グローバル化時代にはもはや不十分であり、西欧のウェストファリア体制の外にこぼれでる、世界の宗教法や慣習法にも目を向けることが必要となっている、という。

　第四に、トワイニングは、**西欧法の理論における非経験的（概念分析的）思考は、社会学への偏見に基づいているが、社会科学の一分野としての法においては、法社会学的な視点がもっと重要視されて然るべきである**とする（TWINING 2009, p. 24）。彼は、ハート以降の英米法における分析法理学の伝統が、オックスフォードにおける分析哲学の重視と、それに伴う経験社会学の軽視に基づい

19　ここでの「一般（general）」という用語は、国家法だけではなくその他の法も含むより一般的な法理論をあらわす意味で使われており、法多元主義における「一般（general）」のこのような用い方は Griffiths 1986, p. 4 においても意識的になされている。

20　TWINING 2009, p. 16. このようなトワイニングの一般法理学と、ハートの一般的な法理論、およびラズの法概念論・法理論との関係については、濱 2018a、43-44 頁。

ているが、それはハートの法実証主義における、法を社会的事実として理解する社会学的側面[21]と緊張関係にあるとする（*Ibid.*, pp. 57-58）。そして、分析哲学は、概念分析はむしろ社会学の補助として重要であるとする、後のクワインなどの自然主義的転回によって、克服されてきたとする（*Ibid.*, pp. 54-56）。法理論と法哲学を同一視するハートに対して、両者を区別し、分析的法哲学は法理論の抽象的な一部分にすぎないとするトワイニングの主張は、既述の第二の点と重なりつつ、法現象の理解を深めるために、法社会学的手法の重要性を説くものと考えられる。このような、法概念論を含む法理論における、法社会学あるいは社会学的視点の重要性の再評価は、法多元主義への肯定的な評価としばしばつながっている[22]。

　第五に、トワイニングは、**今日の世界における世界観や価値観の多様性と共訳不可能性の事実に、法理論も対応しなければならない**という。社会における価値観の多様性の認識と法の多元性の認識とは、密接につながっているのである（Twining 2009, p. 7）。従来は西欧中心主義的な価値観を前提に世界をみても、グローバルなコミュニケーションがそれほど日常化していなかったために、西欧の人々にとっては問題がなかった。それが非西欧的社会においては真実でないことは、帝国主義が破綻をきたす場合や、法移植などの限定的な場面でしか問題として認識されなかった。しかし、現在は、日常生活の中でも、異なった世界観と価値観、またそれらに支えられた異なった法秩序としばしば直面する状況が生じているのであり、そのような状況の変化に応じて、法理論も変化を余儀なくされるのである。

　異なった世界観や価値観との遭遇は、西欧的価値観と非西欧的価値観の間でのみ行われるわけではない。西欧的価値観も多様であり、非西欧的価値観も多様である。今日の我々の日常生活では、むしろ、活動領域における価値観の多様性や対立が切実である。経済やインターネットや様々な専門領域など、目的

21　ハートの分析法学に対しては、法の社会統制機能を中心とした法体系論であり、「本質主義」であるとの批判もなされるが、彼の概念分析はルールの行為理由指図機能という社会的機能を基本的に念頭に置いたものであるとして、その社会学的展開の可能性を示すものとして田中（成）2017、24-26 頁。ハートの法理論をめぐる哲学的分析法学と社会学との関係については、Lacey 2006, p. 944.

22　Cotterrell 2012, pp. 503-504. グローバル化との関係では、コットレルは、法多元主義をトランスナショナル・ロー理論の一つの立場と捉えて論じている。田中（成）2017、24-33 頁も参照。

の異なるそれぞれの活動領域において、開発と環境保護、匿名性による自由と責任ある信頼関係、技術と人間の尊厳などの、異なった価値観やときには未知の価値観に直面しつつ、今日の我々の日常生活は営まれている。その中で、国家の価値観やそれに基づいた規制のみを優先させるのではなく、非国家的な活動主体の自主的な規制に基づいて多様な活動の余地を拡げる試みとして、法多元主義を捉えることができる。

　以上に述べた中で第二、第三、第五の点は、近代法の置かれた状況と現代法の置かれている状況が変化したことが背景となっているというべきであろう。先進西欧諸国の主導によって形成された、各主権国家内部の国家法と、各主権国家間の条約としての国際法の二元的体系による世界の法秩序は、グローバル化や技術革新や非西欧世界の存在感の増大によって、その姿形を変えつつある。法は、それをとりまく世界の状況によって、変化してきたのである。ウェストファリア体制による国家法秩序の優越も特定の歴史的かつ偶然的現象であって、必然的なものではない。現在の法現象においては、国家法以外の、宗教法や業界の自主規制や非政府組織（NGO）の形成する法などが、人々の集団的活動を導く度合いが増しているのであって、法理論もそれに応じて変わるのが成り行きである[23]。第四の点は、そのような法理論の変化における、探究の手法としての社会学的視点の重要性について論じたものということになろう。

　このように、我々の住む社会の中での非国家法の存在感と実効性の増大という社会状況の変化に基づいて、非国家法を法理論の対象に取り込むことが、法現象の全体的理解、社会学的な法理解を進めると主張される場合、本節の最後に、「法多元主義」であることのポイントをもう一つ付け加えたいと思う。その第六番目の点とは、非国家法の存在感と実効性の増大は、事実であって、そ

---

23 ｜ 井上達夫は、従来の国際化とグローバル化の概念の違いについて、①国連やIMFなどの超国家的機関の活動の拡大とともに多様なNGOや多国籍企業などの非国家的機関の活動の拡大が生じていること、②これに伴い従来は少なくとも建前上は対等であった主権国家間の関係が、超国家的機関や非国家的機関が、明に暗にインフォーマルな影響力を行使することにより、グローバルな活動主体間の関係が不平等なものとなり、ヘゲモニーを形成していること、③そこではグローバルな共通の価値観の形成という望ましい側面がある一方で、特に西洋中心主義的な価値観によるヘゲモニーを正当化する側面があることを指摘している。Inoue 2009, p. 20, pp. 23–28. その上で、井上は主権国家による責任ある対応の必要性を重視するが、従来の、国家を主要な主体とした国際化においてもヘゲモニーの問題は存在しており、法多元主義的立場からは多元的な非国家主体の活動や法創造が、偏った形での価値の一元化に対する防波堤となる可能性が追求されるべきである。

の非国家法が望ましいものであるとか、合理性や正義に適ったものであるということを意味しない、ということに関わる。帯域制御の自主的ガイドラインが、インターネットを利用する個人に対する業界の規制の基準として実際に使われることと、その規制が合理的であり、正義に適っているかどうかとは、また別の問題である。業界が業界の法であるとしてそれに従っていても、個人の権利の過度な侵害になることは当然あり得る[24]。

　法であるからといって、それが合理的であるとか、正義に適ったものであるとは限らないことは、非国家法の場合だけではなく国家法の場合でも同じである。不合理であったり、不正であったり、権利侵害的であったりする国家法はいくらでも存在する。しかしながら、法の中で特に発達し、整備され、よく論じられてきたことにより、国家法にはその合理性や正当性を担保するための様々な制度的・理論的仕組みが備わっている。基本権を記した憲法、民主的な立法手続、裁判における証拠制度などの客観的判断を担保する仕組み等々である。

　非国家法について論じる際にも、その内容に合理性があるか、正義に適っているか、そうではない場合なぜそうではないか、結局どうすればいいのかを考える必要が生じる場合があるであろう。このとき、我々は豊富な内容を持つ国家法理論を参照することができる。同じ法として、非国家法を論じる際に、国家法においてなされている議論を、借用することができる。もちろん、国家法と非国家法においては法を取り巻く状況が異なり、参考にならない場合もあるであろう。しかし、必要な変更や修正を加えることによって、使える部分も多々あるであろう。法多元主義における憲法化の議論や、グローバル行政法[25]

24　筆者の法多元主義の立場は、西谷祐子によって、非国家的規範の法的妥当性に関する「法の社会学的または人類学的概念」を採用するものとして分類されており、このような立場は、非国家的規範の事実上の拘束力を説明するとしても、規範的妥当性や規範的な正統性を説明できず、自主規制が広く影響を持つ場合に、個人の権利を侵害する事態も生じかねないことが指摘されている。Nishitani 2018, pp. 227-228. 国家法であれ、非国家法であれ、法が権利侵害の結果をもたらしたり、不正な結果をもたらしたりすることを完全に避けることはできないと考えるが、非国家法の規範的側面については、ここで示すような法多元主義の第六番目の意義において、考察することが可能になるものと考える。なお、西谷の非国家的規範の法的妥当性の根拠に関する分類は、「社会学的または人類学的概念」以外には、「慣習法」「コーポラティズム」「自己妥当的法システム (self-validating legal system)」「承認 (recognition)」(*Ibid.*, pp. 223-229) であり、筆者の立場はこれらの分類のいくつかにまたがった性格を有している。

25　グローバル行政法と、行政法の国際化の学説、また国際的行政法の構想との違いについては、

における開かれた民主制の議論や、手続的正義論などはそのような例であって、法多元主義の理論の一部は、国家法における規範的議論の法多元主義的な修正にあてられているといってもよい。

　国家法と非国家法をともに、我々の社会活動を枠づける有用な道具として並べて見るとすれば、逆のこともいえる。つまり、国家法が非国家法における正当性や実効性調達の手法から学ぶこともできるはずである。例えば、ポスト福祉国家における民営化などは国家法理論が市場における法の効率性や当事者の合意の重視の原理を取り入れようとしたものといえるだろう[26]。

　このように、法多元主義であることの**第六番目の意義**として、**国家法の理論と非国家法の理論が、規範的なレヴェルで相互に学びあう可能性を開くことを、法多元主義において期待できる**であろう。

　以上、非国家法的規範を非国家法として法理論に組み込むことを是とする法多元主義の意義を示した。このような実定法的（第一）、記述的（第二、第三、第五）、方法論的（第四）、規範論的（第六）な意義があるとするならば、国家法のみに限るとする根拠が積極的に示されない限り、法多元主義が支持されるのではないだろうか。そして、法の歴史をさかのぼれば、そのような根拠はむしろ薄弱なのである。

Ⅲ　法多元主義における「法」

1　法の定義問題

　Ⅱにおいて、インターネットにおける自主規制などの非国家法的な規範を、非国家法として、法理論の中に積極的に位置づけることの意義を示した。非国家法の概念を法理論に取り込むことによって、我々は国家法も含めた法現象について法を用いた活動の多様化の事実を含め、記述的によりよく理解でき、法

26　興津 2018、83-97 頁。ここではグローバル行政法は、特定の国家行政法に依拠する他の二者とは異なり、グローバル・ガバナンスを、行政法に由来する諸原理（とりわけアカウンタビリティ、透明性、参加などの手続法理）を手がかりとしつつ、国家法秩序とは切り離された形で構想しようとするものとして捉えられている（同 85・93 頁）。
法多元主義ではないが、山田（八）2018、153-156 頁では、穏健なリバタリアニズムの立場から、国家が市場の暴走を止めることがある一方で、市場が国家の暴走を止めることもあるとし、異なった秩序間の相互関係を論じている。

の経験科学としての法社会学の成果を評価でき、必要と思われる場合には規範的議論をするための手がかりと材料とを得ることができるのである。

そこで、この Ⅲ 以降においては、このように理解された法多元主義を前提として、そこで生じる問題を順に論じていきたい。まずは、国家法以外に法の概念を広げた場合における、その概念の境界画定の問題について考察する。これは「definitional stop の問題」（TWINING 2009, p. 369）と呼ばれる。文化人類学を基礎とした従来の法多元主義の観点から、マリノウスキーが法を「社会的秩序の具体的パターン」と定義したときに生じたのは、社会関係における義務的側面が際限なく法という概念の中に取り込まれてしまうという問題だった。クリスマスプレゼントや、日本でいえば歳暮や中元のような社会的贈与の慣行、エレベーターの乗り方のような、我々が通常、法とは決してみなさないものまでが法の範疇に入ってしまう。しかしそれでは法理論としての意義が希薄となってしまうであろうと論じられた。

そこで我々に必要な作業は、法の概念を非国家法を含むものとして拡大した後に、そこでの「法」の意味を明らかにしていくことを通じて、徐々にその範囲を狭めていくことである。しかし、その作業の前に確認しておくべきことが三つある。第一は、法は社会的な概念であり、論争的な概念であるので、この作業は、「類」と「種」による分類学的な定義のような形でその意味を明らかにしようと試みるのは困難である、ということである。第二に、「法とはこれこれである」といっても、類と種による定義のように、そこに全ての法が同じように含まれるというものではなく、法という概念は程度問題を含んでいる、ということである（Cf., ibid., p. 103）。第三に、以降における法の意味の探究は、論争的概念である法概念を理解するための一つの提案であって、「法とは、そうではなくこのような意味である」という異なった主張との論争を否定するものではなく、むしろそのような論争の端緒となることを意図する、ということである。それは法多元主義をめぐる議論となり、そのような議論にたずさわること自体がこの論述の目的だからである。このことを前提に、話を進めていきたい。

法について、類と種という分類学的な定義を行うのではないと述べたばかりであるが、それと若干似た手順で論じていきたい。法をまず「社会的規範」で

あると考え、その中で、特に法的な性質＝その機能は何であるかを明らかにすることとする。

2　社会的規範としての法

　法を社会的規範と考えることは、多くの人々にとって、それほど受け入れ難い立場ではないと思われるが、法を神により授けられた規範であるとする考え方とは相容れないかもしれない。しかし、その場合でも、神が人間社会の規範として示したものと考えるとすれば、社会的規範であるといえる。

　社会的規範とは、一人の人間しか存在しない世界ではなく、人間の集団が存在する場合に、その集団活動のガヴァナンス、つまり集団活動を可能とするような行為や利害の調整、また、集団活動を可能とするような何らかの共通理解の形成と維持の方法を意味する。

　デュルケームは、現代の複雑化した社会における社会分業と、それを担う中間団体の必要性を論じている（DURKHEIM 1997）。人間社会はその発展とともに、例えば昆虫が巣を作る際に現れるような機械的な統合ではなく、農耕社会のような単一的生産社会でもなく、生産や消費の多様化・複雑化と個人化の同時進行に対応するような、分業的統合を生じさせてきた。生産や消費の多様化・複雑化は人々の相互依存性を高めるが、逆に個人化は社会的分散と孤立を生じさせるものである。その中で唯一社会の統合を可能にする仕組みとは、社会分業とそれを担う社会集団の形成である。国家も社会統合の仕組みの一つであり、ばらばらな個人の行為を制限し、組織化しようとするが、個人と国家の間には社会活動の多様性に応じた様々な分業的集団が存在しており、また、そこでの活動を可能とするような規範が存在している（SCHEPEL 2005, pp. 12-13）。

　デュルケームの理論は、法の社会学的分析の先駆としてしばしば言及される（Dupret 2007, p. 197）。その理論は、発展した人間社会における多様な活動の必要性に応じて形成される中間団体において生じる社会的規範の存在を重視するものである。政治的な集団である国家に対して、人々の経済的・非経済的活動の多様性は、経済的に分化した企業や各分野の専門家集団と共に発展が可能となり、国家法は必ずしもその専門性や多様性に応じた実効的な規制や組織化を行うことができないため、集団における自主規制が法としての役割を果たす。そ

して、これらの社会集団は国家による規制の対象となるとともに、国家からは一定程度自律的でなければ、その役割を存分に果たすことができないとされている（SCHEPEL 2005, pp. 13-14）。

　デュルケームは、非国家的な社会集団として、企業や産業団体などの経済的な機能を果たすものを中心に説明しているが、その考え方は、インターネットや医療やスポーツなど、経済的なもの以外の人々の集団的活動にも当然妥当する。デュルケームの理論は、社会は変化し、発展していくものであるという社会進化論的視点に立つ。産業革命による商工業と経済活動の飛躍的進展によって特徴づけられた近代社会は、いまや、人々の諸活動を支える、より多様で高度な技術と、グローバルに拡大したスペースを伴った現代社会に移り変わって、今、我々の前にある。社会分業とそこにおける集団的自主規制の自律性の容認は、社会の発展のために必須の条件として、また人々に認められるべき諸活動の自由としても、理解できるであろう。それを基本的人権のリストに引き直していえば、人間にとっての集団的協働の不可欠性と、その成果に価値を認める結社の自由として、また専門家集団の性質に応じて、営業の自由、学問の自由の集団的な実現として捉えることができるであろう。そのような自由の構成要素、あるいは手段としての集団における自主規制と自治が、非国家法としての社会的規範の理解の出発点である。このような自主規制と自治は、国家ではない私的集団の法として、私法的な側面を有しているとともに、集団は社会分業を通じた、多様な形での社会協働の担い手として、公共的な役割をも果たしている。また、私的集団という場合に、統一的な中心を持つような集団だけではなく、分散的決定に基づく集団活動も含められてよい。古典的な例としては、市場が挙げられるであろうが、現代の技術の発展は、インターネット社会のような分散的決定に基づく集団活動を可能としているからである。

　以上で、原子化する個人を社会協働へとつなぐ社会的規範としての法は、政治的集団としての国家の法と並んで、多様な社会分業を担う私的集団の法として描き出されたが、しかしこれだけでは法の definitional stop の問題は解決しない。集団活動における道徳的規範やエチケットや慣習などが法から分離されないからである。

　ところで、法を社会的規範と考える法理論の伝統としては、デュルケームの

ような社会学的法理論の他に法実証主義が存在する。

　ベンサムの実証主義と、分析哲学に由来する概念抽出の方法論に従ったハートの法実証主義は、法を、義務を付加する一次ルールと制度化に関わる二次ルールの結合によるシステムであるとし、これらのルールは二次ルールの一部である承認のルールによって法として妥当していると論じる。そして、この承認のルールは、システムの運営を担う者、すなわち国家であればその法に携わる公務員によって、それが承認のルールであるとして受け入れられているという社会的事実として存在している、といわれる（HART 2012, ch. 2. 邦訳としては、ハート 1976、ハート 2014 を参照）。これは、国家法システムを念頭に置き、法として承認されるか否かのルールを、公務員による受容という社会的事実に求めたものである（TWINING 2009, p. 89）。

　ミクロネシアのヤップ州で検事総長補佐をつとめた経験（TAMANAHA 1993, p. 1）から法多元主義を論じるタマナハは、このハートの法実証主義的理論を、西欧型の国家法を超えて、非国家法にも適用できるようにするための修正を試みた。ここでの非国家法は、ミクロネシア諸島などの旧植民地における非西欧的社会の法だけではなく、西欧を含む近代の都市や産業社会でもみられる現象として論じられている。アメリカで受けた大学教育における法の説明と非西欧社会の法の在り方の差異の認識から始まり、実は西欧社会の内部においても法の在り方は多様であることに気づいたタマナハは、ハートの国家法中心主義的理論では、一般的（general）な法理論[27]として不十分であると考えたためである。

　タマナハは、まず、法と社会の鏡理論と彼が呼ぶものを退ける。これは、法は社会を反映するものであるという考え方である。次に、彼は、法が社会秩序を維持し、寄与する機能を有しているという社会秩序論を退ける。確かにこれらの理論が当てはまる場合も多いであろうが、これは経験的な主張であって、すべての場合に当てはまるわけではない、とされる。植民地で宗主国から移植された法のように、社会から浮遊した法もあれば、法がかえって社会に無秩序をもたらす場合もあるからである。

　タマナハによれば、一般的な法概念であるためには、全ての経験的内容を削

---

27 ｜ この「一般的」という用語は、既述のグリフィスやトワイニングの「一般的」という用語と同じく、法多元主義の文脈で用いられていると考えてよいと思われる。前掲注 19 参照。

ぎ落としたものでなければならない。ハートの法理論から、ルールの結合システムであることや、国家制度や、官僚制における公務員の存在などの全ての経験的な内容を削ぎ落とすと、法は社会的事実であるという点だけが残る。法とは社会的に実際にそのように承認されているものである、という内容だけが残る。その結果タマナハは、「法とは何であれ人々がその社会的実践を通して法とみなし、法と扱うものである」という結論にたどり着いた（TAMANAHA 2001, p. 166）。

　タマナハのこの法の概念は、①ある法とあるべき法との間にはいかなる必然的な関係もないという分離テーゼと、②法の存在は社会的事実であるという社会的源泉テーゼ、という、ハート以来の法実証主義の最大公約数的主張（TWINING 2009, pp. 25, 88）を前提とし、そこから経験的な事実を全て除外したものである。これによれば、法の概念は国家法のみならず、非国家法も含むものであるとともに、道徳や慣習ではなく人々が法と呼ぶものという形で、非法とも区別可能であるということになる。

　社会的規範としての法をめぐる以上のような議論の比較検討から、何が得られるだろうか。デュルケームの社会学的法理論とタマナハの法実証主義との共通点は、法が社会的事実に根差しているという点である。集団活動というデュルケームの視点と、法という概念を用いた人々の実践というタマナハの視点は共通している。その結果、国家法のみならず、非国家法も法の範疇に含まれることとなる。そして、そのような集団活動や法の集団的承認が、それらの活動や法が道徳的に正しいものであるとか、正義の理念に適ったものであるとかの主張を含まない点も共通している。

　他方、デュルケームとタマナハの相違点は、デュルケームが集団活動を可能にするものとしての法の機能に言及しているのに対して、タマナハはそのような機能は経験的にしか論じられず、一般的概念に含めることを不適切とみなすことにある。既述のように、法が集団活動を阻害・破壊するように働く場合もあるからである。また、タマナハは、人々が法と呼ぶものとして、法と他の社会的規範を日常言語使用の観点から区別しているが、デュルケームにはそのような区別がない。とはいえ、「人々が法と呼ぶもの」という定義は、タマナハがあえてそれを意図しているとはいえ、あまりに無内容であり、人々がなぜそ

れを法と呼んでいるのか、なぜ人々は自分たちが法と呼ぶものを持つのかという、我々が知りたい問いに答えてくれるものではない。これに対して、デュルケームは、我々が個としてのみではなく、集団協働することで活動の自由の幅を広げる事実と、それを支え得る法の機能を示している。

　デュルケームとタマナハの距離は、人々の集団的実践に注目するという点で、遠くない。前者は集団的実践の機能に着目し、後者は集団的実践で用いられる言葉・概念に着目する。両者を相互補完的に理解することは可能だろうか。法という概念を用いつつ、その経験的機能に言及することは矛盾だろうか。

3　法の機能

　①分離テーゼと②社会的源泉テーゼという、ハートからタマナハに受け継がれた法実証主義の基本潮流に掉さしつつ、「法と呼ばれるものが法である」という以上に、我々に教えてくれるところのある法の概念はないか。トワイニングは、この問いに答えようとする[28]。

　そのために、トワイニングは、まずタマナハの主張の弱点を指摘する。そして、前項の最後の問い、すなわち、法の一般概念を説明するために、経験的に看取される機能に言及することは、矛盾をきたすものであるかについて、志向性（orientation）という考えを用いて答えを見出そうとする。そして、後述のようにルウェリンの「法の仕事理論（law-job theory）」に従った、自らの機能主義的法概念を展開する。

　タマナハの理論においては何が弱点とされているのか。概念の分析的有用性は、その概念のローカルな、また民俗的な使用やその間の翻訳問題を回避できることにあるにも関わらず、彼の「人々がそう呼ぶ」という説明はそれに成功しない、とトワイニングは指摘する。ハートについても同様の指摘がなされているが[29]、ここには（外的に）記述しようとしつつ、（「そう呼ぶ」という）人々の

28　トワイニングは、自らの文化的出自について、基本的にはブリティッシュ（特にオックスフォードの）文化に属するとしながら、ウガンダ生まれで、東アフリカでの生活経験があり、その他の諸国での教育や生活経験も加えると、コスモポリタン的な側面もあることを明らかにしている。Twining 2009, p. xiv.

29　ハートの理論は、公務員の内的視点と一般大衆の外的視点を架橋する、客観的に真な法の概念を、言語哲学の観点から明らかにできると想定しているが、それは十分に反省的でないため説得力がないと批判するものとして Tie 1999, pp. 35-40.

内的視点に立つことの矛盾があらわれているといえよう（Twining 2009, pp. 58, 102）。

この弱点を克服する可能性のある、三つの方法が検討されている。第一には、ウィトゲンシュタインの言語ゲームの理解に従って、「そう呼ばれるもの」という法の概念を補う、家族的類似性のある概念を付け加えることによって、法の概念のイメージを浮かび上がらせる方法である。しかし、この方法は、制裁や義務など、どの概念を類似性あるものとして選択するかにおいて、タマナハが避けようとする経験的要素の導入と彼が意図するシンプルさの喪失が生じるとして、退けられる。第二には、タマナハの議論を、法の概念の探究についての帰謬法として理解することである。あえて無内容な概念を示すことによって、法の概念を、何か普遍的なものとして、一般的に探究することの無意味さをタマナハは明らかにしているという理解である。トワイニングは、法の概念は、抽象的に分析されるのではなく、研究の対象や視点を具体化することによって有意味となると考えており、この第二の方法の含意には一定の共感を示している。

しかし、トワイニングが採用するのは、第三の方法である。それは機能主義、しかし「薄い（thin）」機能主義に立ち戻ることである。

機能主義は、法実証主義と矛盾するのではないか。この問題について、トワイニングは、次のように答える。

社会的実践は、何らかの認識されたニーズや問題に対応するために制度化されることがある。その制度化された社会的実践において特徴的なことは、「問題への志向性（oriented toward）」を有する、ということである。この志向性は、その問題への対処の独占的方法であることを含まない。法が対処しようと志向する問題に、道徳や宗教や教育が対処することもある。しかし、法が問題に対処しようとすることは法の観点（point）[30]となる。しかしこの志向性や観点は、

---

30 | この point という概念は、purpose とは異なる意味合いを持つとされていることが重要である。機能主義に対しては、法を一定の意図的な purpose（目的）を持つものとみなし、慣習や自生的な秩序から生じる法を適切に評価できないとする批判がなされ得る。しかし、特定的な purpose と異なり、point は、より抽象的な、共有された、時代によって変化する社会的実践の意味であると考えられている。それは、例えば、人前で帽子をとることの point は、他者に尊重を示すということであり、他者に尊重を示すべきことは社会的実践において広く共有されている point であるが、脱帽の個々の事例が実際にその point に適ったものであるかは別の問題であり、また文化や時代によって脱帽の意味が変化することもあると論じられている。Twining 2009, p. 110.

法が問題の対処に実際に成功することを意味していないし、意図せざる結果は生じないということも意味していない。問題への対処は失敗の結果に終わるかもしれないし、意図されない副次的結果が、良かれ悪しかれ生じることがあるかもしれない（TWINING 2009, p. 112）。

このように、人々の集団的活動には何らかの志向性が多かれ少なかれあるという事実と、志向性や観点として集団活動の機能性を論じることは、その機能不全の実態の記述とは矛盾しないことから、トワイニングは法について機能主義を採用することは、法実証主義と両立する、と論じる。

では、トワイニングは法という集団的実践にいかなる志向性＝機能を見出すか。

この点について、トワイニングは、ルウェリンのリアリズムにおける法機能主義を参照する。ルウェリンが参照されるべきなのは、第一に、彼は法概念を経験的なものではなく分析的に捉えた点で法実証主義と軌を一にし、リアリストとして法を社会的実践と社会的制度のうちに位置づけた点でも社会的源泉テーゼと同様の前提に立っているからである。第二に、法と他の社会的規範との厳密な区別は不可能としながらも、彼の「法の仕事」理論は、法を他の社会的規範から暗に区別する基準を示していると考えられるからである（TWINING 2009, p. 104）。

ルウェリンの「法の仕事」理論は、我々は全て、家族、クラブ、不良少年団、スポーツチーム、学校、商業組織、労働組合、政党、民族、国家〔また現代ではインターナショナルな NGO＝非政府組織、国連機関〕などの集団のメンバーであることを前提とするところから始まる。そして、いかなる人間集団も、それが何らかの活動目的を有している限り、その集団の存続と目的実現のために、ある一連の「仕事」がなされることが必要となる。それは、(i)紛争解決、(ii)紛争の事前予防のための行為調整と、相互の行動に対する予見可能性の再調整、(iii)権威の分配と、行動を権威あるものとして正当化する手続の調達、(iv)集団や社会が一体として人々の行動に対して方向性やインセンティブを組織的に提供することであるとされる（Llewellyn 1940, p. 1373）。現代の法概念は、政治的な集団である国家における法のみを考えがちであるが、この法の四つの仕事は、国家の下位集団、そのまた下位集団と、二人以上であれば、全ての集団に通じる

ものであるとされる[31]。

　トワイニングは、ルウェリンの四つの法の仕事のうち、(i)は①紛争解決、(ii)は②事前の行為調整による紛争回避と、③状況の変化に応じた行為調整方法の継続的再検討、の二つに分け、(iii)は④決定における発言権の分配と発言手続の整備、(iv)は⑤利益提供と、⑥①から⑤における技術や仕組みの全体的制度化、の二つに分け、六つに整理し直している（TWINING 2009, pp. 105-106）。これらの仕事が全くなされなければ集団は遅かれ早かれ崩壊に至ることについて、⑤利益提供とは報酬や処罰による行為の一定方向への誘導を意味していること以外は、特に説明の必要はないであろう。そして、この仕事に携わるのが法という社会的実践である[32]。

　ルウェリンは、この「法の仕事」理論を、ショショニ族やシャイアン族などの平原インディアンが国家や裁判所や法を持たず、話し合いが不可能であるという当時のアメリカの一部の社会人類学者の主張に対抗するために考え出した。国家に限らず、いかなる社会にも紛争とそれに対応する法があると反論し、それを分析するための有効な枠組みとして提出された理論である。もともとは、インディアンの部族法を分析するという特定の文脈で考え出されたものではあったが、次第に法をみる一般的な視点として展開されるに至った（TWINING 2009, p. 106）。

　トワイニングによれば、このような法の行う仕事＝法の機能論は、ハート理論のような一次ルールと二次ルールの結合や、承認のルールの措定に比して、内容が「薄い」。ここにおける経験的内容は、例えば国家法にのみ当てはまる内容ではなく、前項でみたデュルケームと同様に、「人は集団の中で生きる」ということに還元される（*Ibid.*, p. 107）。

　確かにデュルケームの場合には、社会分業が産業の発展に寄与するとして、

---

31 ｜ Llewellyn 1940, p. 1374. また、これらの法の仕事は、根本は集団の存続のためであって、そのためには正義を犠牲にすることも辞さないが、単なる集団の存続を超えた二つの探究的な側面（questing aspect）を有しているとされる。それはこれらの仕事をよりよくこなすように発展する側面と、よりよい生活のために正義や理念的価値を追求する側面であるとされる（*Ibid.*, p. 1375）。

32 ｜ ルウェリンの「法の仕事」理論については、戒能 2016、231-240 頁。ここではルウェリンの法理論が、法を政治や経済に還元してしまうものではなく、法の技巧にも考察を及ぼした独自のリーガル・リアリズムであることが示されている。

それが望ましい側面を持つことを含意しているように思われる。しかし、分業を担う集団の存在は記述できるものであるし、存在する集団が存続傾向を有することも記述可能であり、しかもその記述は分業が適切になされているとか、存続が常に望ましいとかいうことを含んでいない（*Ibid.*, p. 109）。

ルウェリンも、法の概念について、デュルケームと同様に集団活動という社会的事実から出発し、その集団活動を維持するのに必要な仕事を法に帰した。

トワイニングは、そのような仕事への志向性を持つことを法の機能とし、機能を実際の結果とは区別することによって、経験的に検証が必要な内容を機能のうちから除いた。そしてそれを「薄い」機能主義とし、法実証主義の①分離テーゼと②社会的源泉テーゼに接続する。そしてタマナハの限定され過ぎた法の概念の内実として、この「薄い」機能主義をつけ加えることによって一般概念としての法の概念を提示している。

以上、法多元主義における法とは何かを示すことを目指して、論述を進めてきた。社会的規範としての法の意味を、デュルケーム社会学と法実証主義の比較を通して考えた後に、その法規範としての特徴を、トワイニングが「薄い」機能主義と呼ぶもので説明した。トワイニングは、これが唯一の正しい法の概念であるとするわけではない。そうではなく、グローバル化における非国家法の発展も視野に入れた場合には、有用な法の概念であることを示そうとしている。特に、本項のように、デュルケームの集団理論からルウェリンの法の仕事論へという流れで論じる場合、機能主義と法多元主義のコンテクストとの合致は大きいと思われる。

ここで、トワイニングの論じる機能主義と大きく重なりつつも、付加的含意を持つ「機能的法多元主義」について、言及しておきたい。

サントスは、伝統的な文化人類学の法多元主義と現代的なグローバル化の下でのそれとを区別する。「伝統的な法的文化人類学の法多元主義では、異なった法秩序が、同じ政治的領域において併存する異なった実態として捉えられていたのと違って、〔現代の法多元主義的現象としては〕むしろ異なった法的領域が、我々の精神と行為において、重なり合い、相互浸透し、混合している」とされる（De Sousa Santos 1989, pp. 298-302. 引用における〔 〕内は筆者の補足）。ここでは伝統的な法多元主義として、一定の政治的領域内での人々の全活動を律する

共同体的秩序が、国家法と部族共同体の法や、植民地における宗主国法と固有法のように重なり合っている場合と、現代的な法多元主義として、インターネットやスポーツや商取引などの人々の異なった集団活動に関わる「異なった法領域」が重なり合っている場合とが区別されている。私もかねてより、前者を共同体的法多元主義、後者を機能的法多元主義、として区別して論じてきた（浅野 2014、92-93 頁）。社会分業と多様な社会活動を担う集団における非国家法を念頭に置いて法多元主義を論じる場合、何であれその集団活動の特定化された目的（インターネットにおけるコミュニケーション、スポーツにおける競い合いなど）と、その集団の従事する活動を存続させ、促進する仕組みとしての集団活動の「機能」がみて取られやすい[33]。これに対して、ある領土的範囲に住まう人々の共同体における生活全般を規律する秩序の場合、その法は全般的で包括的となり、機能的という言葉に違和感を抱かせるような道徳的・倫理的・自然主義的な要素を多く含むようになる。現代のグローバル化やコミュニケーション技術の発展による多様な集団活動における非国家法の役割に関心を持つ場合には、機能主義的な観点は、よりふさわしいものと考える[34]。もちろん、前述の通り、トワイニングの論じている機能主義は、国家法など共同体の法にも該当するものとして論じられている。しかし、包括的な集団としての国家がカヴァーしない活動領域で、あるいは国家の活動領域において国家に加えて出現してくるような社会集団は、インターネット・コミュニケーションや環境保護

33　CULVER & GIUDICE 2010, pp. 120-123 においては、legality は、非国家的な集団も含めた多様な法主体が、topic-specific purpose に応じて契約や刑罰などの法的な道具立てを用いる関係性において生じるとされている。本書における法多元主義は、各々の社会集団の活動において規範の法性＝legality が生じていると考え、それが他の集団活動において生じている法と関係を有し、そこでは法の抵触や融合や協働が生じ、抵触法的な議論につながると考えている点で、類似の活動目的を有する法主体や集団の関係性をも包括して legality の観念の中に取り込むカーバー＆ジュディチェの理論構成とは異なっている。しかし、国家と法との結合を切り離す際に、各集団活動の活動目的に着目する（本書で論じている）法多元主義の視点と、法が何らかの活動領域における特定の目的（topic-specific purpose）に対応する形で生じるとする彼らの視点には共通性が存在すると考えている。
　　カーバー＆ジュディチェの理論の方が、例えば環境や人権などの特定の目的に対する諸機関の協働活動を説明しやすいようにも考えられる一方で、法多元主義の関心である規範抵触とその解決方法についてはみえにくくなる側面があるように思われる。

34　Cf., Zumbansen 2010, pp. 160-161. このような機能的法多元主義は、共同体的法多元主義と比較し、その、ある種非人間関係的な契機を進めていけば、ライルズがトランスナショナルなスワップ取引における標準契約フォームである ISDA の使用例において描いてみせるような機械的、非コミュニケーション的な非国家法の在り方にもつながっていくと考えられる。Cf., Riles 2008, p. 183.

やスポーツ競技などの特定の問題関心を共有することから生じてくるであろうし、その特定の問題意識に即した紛争解決などの「機能」を発展させるため、より機能主義的な分析にふさわしいと考えられる。この、機能的法多元主義の観点は、本書の以降の章においても念頭に置かれる。また、本章の最終章においても、再度論じられるであろう。

さて、トワイニングの議論に戻る。この機能主義を伴う法の概念を受け入れるために必要なのは、基本的に、「法は社会的規範である」、「人々は集団において生きる」、「集団は存続傾向を有する」、「法は集団の存続への志向性を有する〔失敗する場合もある〕」（〔 〕内筆者補足）という前提のみである。このことから、二つの含意が帰結する。第一に、集団活動の「機能」に注目するとき、必ずしもその活動が望ましいものであるということは含まれない。単に、集団行動とそれが形成されると一定の存続傾向を持つという事実だけが意味され、これは法を道徳的前提や倫理的前提と一応切り離して記述することを可能にする。第二に、機能は志向性であるということから、ある社会的規範が法であるか否か、つまり「法の仕事」をこなしているか否かは程度問題であるということである。社会的規範は、法か非法かのクリア・カットな二分論では分かたれ得ず、「法の仕事」の一部あるいはより多くの部分を、どの程度上手にこなしているかで、全く法ではないものから、少し法のようなもの、ほとんど法というべきものを経て、誰がみても「法」の典型例（例えば、一部の国家法）まで、グラデーションとして存在していると考えるのが適当である[35]。

IV 法多元主義における「多元性」

1 法の共訳不可能性、矛盾、抵触

この節では、IIにおいて、法多元主義の意義を論じた際の、第五の点に関わる問題を考察する。トワイニングにより示されたのは、今日の世界における世界観や価値観の多様性と共訳不可能性の事実に、法理論も対応しなければなら

---

35 | 瀧川 2017 における国家分業論においても、国家によって分業される法的状態実現義務における法状態は、特定のルールやシステムの存在ではなく、より法的であるとかより法的ではないという程度の評価が可能なものと考えられている（同 314 頁）。

ない、という点であった。社会における価値の多元性の認識と法の多元性の認識とは、密接につながっており、法多元主義はそれを論じるのに適した視点を提供するという点であった。しかし、ここで要求されている、価値観の多様性と共訳不可能性に応じた法の多元性とはどのようなものなのだろうか。国家法と非国家法の多元的併存は、これらの法の多元性と、これらの法の間の共訳不可能性をどのように示すことになるのだろうか。併存する諸法の間に共訳不可能性がある場合、ある法に従えば他の法を無視したり、それに反したりすることになる場合、一体どうなるのだろうか。共訳不可能な二つ（あるいはそれ以上）の法に直面した場合、我々はどう行動すればよいのだろうか。我々に行動の指針を示すことが法の機能であるとすれば、このように法が共訳不可能な状態で併存し、その結果矛盾、抵触が生じる場合には、法は全体としてその機能を果たすことができないように思われる。

　例えば、インターネットによるコミュニケーションにおいては、この十年来、国家の知的財産法と、本章Ⅰ1「身近な事例から」でも触れた、P2P などの普及によるファイル共有・コンテンツの共有の常態化のギャップが大きな問題となっている。確かに、知的財産権者の側は、国家の知的財産法の適用により多くの訴訟で勝利を収めてきたが、それは膨大な数の P2P シェアリングやその他の知的財産権を侵害する行為の排除にはほとんど効果がなかった。インターネットにおけるパブリックドメインの発達や知識の共有・公開の文化を背景に、特に若い人々の間では、排他的知的財産権の正当性に対する不信感が醸成されており、このような知的財産権侵害行為の「違法性」の意識の希薄化が指摘されている（RUSTAD 2016, pp. 48, 302）。

　法多元主義に立つ場合に避けることのできない、法の断片化と抵触問題について、本節では以下の順序で問題を整理したい。まず、異なった諸法の関係をどう捉えるかについて、法間の関係性を表す interlegality という概念について論じる。その次に、異なる諸法を統一の方向に導くことは可能なのかについて、システム論からの示唆を得つつ考察する。

2　Interlegality

　サントスは、前述のように「法多元主義は法のポスト・モダン的な見方にお

ける鍵概念である。伝統的な法的文化人類学の法多元主義では、異なった法秩序が同じ政治的領域において併存する異なった実態として捉えられていたのと違って、むしろ異なった法的領域が、我々の精神と行為において、重なり合い、相互浸透し、混合していることの概念構想として〔提唱されている〕。」（〔　〕内筆者補足）そして、人々の生活は、異なった法領域の多様なネットワークによって構成されているとし、このような異なった法領域間の交差を interlegality と呼んでいる（De Sousa Santos 1989, pp. 298-302）。トワイニングも、近年の法多元主義理論の趨勢において見られる基本的な特徴の一つとして、それが interlegality の概念を伴っていることを挙げる（Twining 2010, p. 517）。この概念は「併存する法秩序間の関係」をあらわしている。これを主に衝突や競争の関係としてのみ捉えることは誤りであり、協働、包含、模倣、融合、適合、部分的統合などのポジティブな関係もあれば、回避、従属、抑圧、破壊などのネガティブな関係の場合もある。そしてこのような関係は、経験的に認識されるものであり、静態的な構造ではなく、動態的な過程である、とされている（*Ibid.*, p. 489）。

　筆者は以前、interlegality の概念について、私法と国際私法をめぐる諸法領域の関係を念頭に置いて論じた（浅野 2013、127 頁）。そこでは、ロバート・ワイの論文に依拠しつつ、次のことを述べた。

　グローバル化における論調の一つとして、取引世界の一元化が進行しているという見立てがあるが、国際取引の世界では、むしろ、国家法、非国家法が混在する多元的状況が生じているのが現状である。そして、私法はこれらの異なった法システム間をつなぐ役割を果たしている。ここでの私法とは、国内実定私法（民法や商法）と、国際私法の両者を指す。この二つの私法は、国家法と共に存在している私的業界慣行や商事仲裁・調停や国際取引のスタンダードなどの非国家法の間を媒介している。

　エールリッヒは、自己の社会学的法理論における「生ける法」の代表的な例として商法を挙げたが、現代の商法は、国家の立法や判例によって形成されている実定商法のみに還元され得ず、実定商法を常に超えて発展していく業界慣行やスタンダードなどの非国家法を視野に入れなければその実態を理解できない。これらの業界慣行にはグローバルな規模のものが含まれる。これらの非国家法的な商法の発展は、実定商法の中に、判例における条文解釈の修正や変更

によって取り込まれたり、ときには商法改正を必要としたりする。しかし、実定商法は、近代国家の成立以降、商人や業界の私的秩序を取り込むだけではなく、国家利益や経済政策上の関心によっても常に影響と修正を受けてきた。家族法や財産法など実定民法についても同じようなことがいえるであろう。実定私法は、このように私的慣習や秩序と、国家政策や公共の利益との間を媒介するところにその特徴が見出される。

　他方、国際私法においては、私法システムの多元的併存を前提条件とし、他の私法システムが関わる事案においても裁判管轄を相互に及ぼした上で相互の法適用が行われ、当事者による準拠法選択や仲裁の合意が広く認められる仕組みが作られている。それは、異なった法システムの併存とそこにおける選択の余地を認める、まさに interlegality を体現するものである、とされる（浅野 2013、142-145 頁。Cf., Wai 2008, p. 107）。

　そして、私的な非国家法と国家政策を媒介する装置としての国内実定私法、多様な私法システムの併存を前提とした相互の適用と選択の装置としての国際私法の両者を合わせて全体としての私法とみるときには、国際私法における非国家的私法の取り込み、すなわち非国家的私法を準拠法選択の対象とする余地を認める方向が比較的容易に導かれるであろう。

　このように私法における interlegality は、異なった国家法間、国家法と非国家法間、異なった非国家法間を媒介することにより多元的な法的世界を作り出すものである。法は、自ら一つの秩序であるとともに、他の法秩序の存在を前提として、それと交錯、融合、領域分担、ときには敵対する。国際私法が、理論的には非国家法を準拠法選択の対象とすることも可能であるのに、多くの場合それを国家法に限定しているのは、国家主義的秩序観に基づく非国家法への敵対、否定と考えることができるであろう（Cf., Berman 2016, pp. 160-165）。

　私法がこのような interlegality を備えているのは、私法が家族・親族秩序や、契約や、企業の内部自治や、商業や貿易の越境性における商人間の自治のように、本来、非国家法的要素から出発しつつ、国家法に係留され、融合と緊張の関係にあるという、法多元主義的性質を本来的に持つことによるであろう。

　以上が、私法の interlegality に関する考察の要点であった。しかし、本章 II 2「なぜ、『法』多元主義なのか」で論じたのは、伝統的な民法と商法に関わ

る領域のみならず、多様に展開する人々の活動領域の多くで、「非国家法も法のうちに含めて考察することが、法現象の理解としてより十分なものとなる」こと、「社会科学の一分野としての法においては、法社会学的な視点がもっと重要視されて然るべきである」こと、「今日の世界における世界観や価値観の多様性と共訳不可能性の事実に、法理論も対応しなければならない」ことであった。このようなパースペクティブに従えば、伝統的な私法の分野に限らず、他の法領域においても、自らが法秩序であるとともに、他の法秩序の存在を前提として、それと交錯、融合、領域分担、または対立する非国家法が出現するに至っている。そのような法の多元的在り方と多元的展開を理解するためには、法が国家政策や議会の立法のみから生じてくるのではなく、経済や多様な専門分野における社会分業において、社会の内から生まれてくる「生ける法」であり、また、そのように法が社会に「埋め込まれ」[36]、社会と法が反映し合っていることを理解しなければならない。また、その背後には、社会における異なった活動領域を支える価値観や世界観の多様性があることに留意すべきである。

3　システム論

　法多元主義においては、法というものは、自ら一定の秩序であるとともに、他の法秩序の存在を前提として、それと交錯、融合、領域分担、敵対するものと捉えられると論じた。その法は国家活動からのみ生じてくるのではなく、多様な社会活動の中にも生まれてくる。そうすると、何らかの社会活動に携わる集団の存在を前提に成立し、存続しようとする傾向を備えた一つの法秩序は、他の法秩序と、自身も含めてそれらの法が埋め込まれている社会とを自らの環境として成り立っているシステムとみることもできる[37]。

36　"embeddedness" の概念については、CALLIESS & ZUMBANSEN 2010, p. 13.

37　ここではシステムという用語は、以上のような社会学的なシステム論を前提として用いる。法を国家と結びついたものとのみ考えることは、グローバル化の現状における記述的説明力を欠くとし、国家法、非国家法、国際法、EU 法などの制度間関係から生じるものとして legality を理解する CULVER & GIUDICE 2010 の議論と法多元主義の議論には多くの重なりがみられるが、カーバー＆ジュディチェにおいては、システムという用語は「承認のルール」を頂点にいただき階層性を特徴とする国家法の在り方を示すものとして使われているため、ここでのシステム論とは異なる。彼らの法秩序の多元性の議論については、近藤 2017、36-42 頁を参照。

法多元主義とシステム論との共通の問題意識は、つとに指摘されている[38]。システム論も法多元主義も、法が社会環境に「埋め込まれた（embedded）」ものでありながら、そこに埋没しきることなく、一定の法秩序あるいは法システムとして自律的に機能する在り方に関心を有しているからである。法とそれが埋め込まれている社会は、つながっていながらも、別でなければならない。

　前項では、近年論じられている多元主義における「多元性」の特徴をあらわすものとして、interlegality に言及した。その典型例として論じられた私法は、相互に区別されながら重なり合う関係にある社会と法（国内実定私法）、法と法（国際私法）の間をつなぐ interlegality を備えるものとして理解された。他方、システム論においては、相互に自律的で閉じていながらも、互いの環境を形成しているようなシステム間の関係は「構造的カップリング」といわれる。「構造的カップリング」においては、システムが相互に独立でありつつ、依存しあっているとされる（NOBLES & SCHIFF 2013, p. 74）。

　システム論においては、人間の構成する社会全体が、自然環境との関係において、独立でありつつ、依存しているシステムであると考えられるが（*Ibid.*, p. 8）、その社会における機能分化の過程から、科学、経済、政治、法などのサブシステムが生じてきた、とされる。これらサブシステムは、社会というシステムとも「構造的カップリング」の関係を有するとともに、サブシステム間同士においても「構造的カップリング」の関係を有している。「構造的カップリング」の例をいくつか挙げてみよう。従来の国家法が念頭に置かれるとき、暴力に由来する政治（＝非法）と法を区別しつつもつなぎ合わせる構造的カップリングは「憲法」であった（LUHMANN 2004, p. 410）。「税」は政治と経済の間を、「契約」や「所有」は法と経済の間を、安全基準などの技術的スタンダードは科学と法の間をつなぐ構造的カップリングである（SCHEPEL 2005, pp. 15-16）。「公序良俗」は道徳と法の間をつなぐそれである[39]。

　法が国家法のみではなく非国家法を含むものとして考えられる場合、法システムは国家法やそれぞれの非国家法というサブシステムによって形成されてい

---

[38] 　デュルケームの社会分業論と進化的機能主義とシステム論の共通性について、SCHEPEL 2005, p. 15. *Cf.*, NOBLES & SCHIFF 2013, pp. 88-91, Michaels & Jansen 2008, p. 104.

[39] 　Teubner 1992, pp. 1447, 1458. トイプナーは、構造的カップリングの理念を修正したものとして linkage institution を論じている。

るとみられる。非国家法としてのインターネット法においては、インターネット通信技術におけるドメイン名の作成技術は、科学とインターネット法の間の構造的カップリングを形成している。日本インターネットプロバイダー協会などの帯域制御の運用基準に関するガイドラインは、それに従った制御を「正当業務行為」と読み替えることによって国家法である刑法と構造的にカップリングされている。

このように、構造的カップリングを通じて、システムは閉じていながら、同時に社会と他のシステムに対して開かれている。構造的カップリングは、社会とシステム、サブシステムとサブシステムの重なりとつながりを示すが、同時にこれらの相互を区別するものでもある。それは、システム論における概念上、同一性と差異を同時にあらわすものである。

上で「読み替える」という表現を用いたが、システム間の差異・相互の独立は、構造的カップリングにおける「誤読（misreading）」により保たれる、とされる。システム論に依拠して法多元主義を論じるトイプナーは、「法多元主義においては、法的ディスコースは社会的自己生産の過程で動揺するだけではない。法は規範創造の源泉として、他の社会的ディスコースを、創造的に『誤読』する」と論じる（Teubner 1992, p. 1447）。それは例えば、経済システムにおいては相互に対する「信頼」が取引の基本となり、またそのような信頼は、交渉の最中には法律家を遠ざけておくべきことを意味するが、法システムは、この信頼を債権債務という拘束的関係に「誤読」する。経済システムとしては、取引関係を、そのような債権債務関係として厳格に追求すれば、まとまる話もまとまらなくなるに違いない。これは「取引」という構造的カップリングにおいて、法が意図的に経済を「誤読」するものであるが、逆の場合もある。債権債務という拘束的要素を、ビジネスマンは新たな交渉のチップとして読み替える（Ibid., pp. 1454-1455）。インターネットの帯域制御の場合であれば、正当業務行為は、インターネット法においては業界のガイドラインに従った行為として「誤読」され、国家刑法においては35条の違法性阻却要件として「誤読」される、といえよう。システム間をつなぐ構造的カップリングのこのような相互の「誤読」によって、システムの差異は保たれ、再生産される。

構造的カップリングの相互「誤読」は、システム間の独立と依存の矛盾する

関係を同時に成り立たせるのに不可欠であるが、しかし、これはシステム間に常に齟齬と断絶が生じることが不可避であることをも意味する。機能分化したサブシステムと全体システムとしての社会の間には分断が生じることが避けられない。システムによる機能分化が進めば進むほど、社会の分断化も進み、人々の生活における統一感の喪失、ギャップ、葛藤が増大する。ハーバマスは社会における機能分化が、社会のシステム化という形で生じているという現状認識を前提に、そのようなシステムにおける「生活世界の植民地化」を危惧した。ハーバマスの処方箋は、生活世界における、日常言語を用いた人々の法的コミュニケーションによる、システム分化の継続的な再統合であった。「法の言葉は日常的なコミュニケーションを公的な、または私的な領域からすくい上げて、オートポイエティックなシステムの特殊コードによって受け取られることが可能なメッセージとなるような形に落とし込む——またその逆も行う。この相互転換（transformation）なくして、日常言語が社会全体を通じて循環することはできない」（HABERMAS 1997, p. 354）と彼はいう。

4　法への統一的視点はあるか

　以上のように、両者の親和性を前提に、システム論から法多元主義をみる場合に、システム論によって示される法多元主義の課題として、二つのものがみて取れるように思われる。

　第一に、従来、国家法としての法システムは、「憲法」あるいはそこにおける「国民主権」の概念を通じた構造的カップリングによって、政治や、生の暴力から自己を区別できた。しかし、非国家法は、そのような憲法を持たない。このとき、憲法によって国家法に与えられていた法としての正統性や政治からの分離は、非国家法においては何によって与えられるのであろうか。

　第二に、システム間の独立と依存を成り立たせる構造的カップリングが、社会生活における齟齬と分断を生じさせることは、法多元主義においては、法と社会の分断に加えて多様な法システム間の齟齬と分断が不可避的に生じることを意味する。であれば、法多元主義において、もはや法は統一的ではなく、分断され、互いに齟齬をもたらす契機を抱えたものとなり、interlegality においても、部分的な重なり合い以上の調和を求めることはできないのであろうか。

それとも、ハーバマスの試みのように、日常言語を用いる法を通じて、我々は何らかの統一的視点や統合的契機を追求することができ、またそうするべきなのであろうか。システム論は、科学、宗教、政治、経済、法などを、それぞれ機能別の社会的コミュニケーションとみて、そのコミュニケーションの境界を自ら定める在り方をシステムとする（Nobles & Schiff 2013, pp. 8-9）。法は、言語により構成されていることから、サブシステムにより分断化された社会を統合するコミュニケーションにおいて、他のサブシステムには果たせないような独自の役割を果たすことができるのであろうか。

　第一の課題に対応するものとしては、憲法（constitution）という概念を、非国家法においては用いない立場と用いる立場が区別できる。前者においては、憲法制定とは違う方法で、法とその社会環境を区別する方法を見出すことが、その正当性・正統性の保障と直結するとされる。このような立場は憲法による人権保障などの実質的正統性ではなく、手続的な正統性に軸足を置こうとする。環境に開かれつつ自律的なシステムとして法が機能するために、環境からシステムへのインプット（input）、システム内でのスループット（throughput）、システムから環境へのアウトプット（output）の契機を区別し、それぞれに該当する手続を、順に、システムの形成・維持における利害関係者の参加手続、システム内での紛争処理手続、システム運営により生じた活動成果などの専門家による技術的検証の手続として例示する。そしてこれらの手続的整備は、私的組織・団体内部における自主規制などが現に示す共通の傾向であるとし、また今後も目指されるべき方向として提唱される（Paiement 2013, pp. 210-213, Zumbansen 2010, p. 141）。

　後者においては、非国家法にも憲法（constitution）が必要であると主張される。トイプナーは、国際投資仲裁におけるレークス・メルカトーリア（lex mercatoria）の法性を問う内容の書評において（Teubner 1997, pp. 149-151）、私的ガヴァナンスにおける事実的な立法が、我々が好むと好まざるとにかかわらず従わなければならない実定法（positive law）を形成していることを前提に、その民主的正統性を問うている。このとき、「私的統治が形式的な授権により、より狭い議会過程へとリンクされるように要求することはいかにナイーブであるか我々は知っている。むしろ、我々は経済的、技術的、専門的活動を公的検

証とコントロールの下に置くような、私的統治の民主的正統性の新しい形を探すことに駆り立てられている。私には、それは、国家なきグローバル法のパラドックスが現実に生み出している、解放への動向に思われる。それは、『プライベートな』統治とは『パブリックな』統治であることを考慮に入れた、私的法形成への立憲主義（constitutionalism）の拡張である」（*Ibid.*, p. 159)。トイプナーのいう「国家なきグローバル法のパラドックスが現実に生み出している、解放への動向」とは何であろうか。筆者の補足を加えて敷衍すれば、ここで「パラドックス」とは、私的に形成されたものでありながら公共の役割を果たすという、非国家法の在り方を指しており、「解放への動向」とは、条件が充たされれば、このような非国家法が、国家に独占されていた法形成の力を我々の手に取り戻す手段となる、ということである。その条件として、私的法形成が憲法的な要請に従うことが必要であり、その場合に非国家法は、名実ともに法となると論じられている。

この「立憲主義」における憲法は、非国家の仲裁廷におけるレークス・メルカトーリア（*lex mercatoria*）の法性を問うものであること、また、それが主権国家における議会からの授権を必要としないとされることから理解されるように、各システムにおいてその内部制御と維持、他のシステムとの対外的な調整を行うものと考えられている。それは、システム分化を前提として、それらのシステムごとの機能改善と正統性強化を目指すものであり、分野ごとに生じているサブシステムを社会全体的に統御するような統一的憲法構想とは全く異なるものと考えられている[40]。この立場は、第一の課題に対応すると同時に第二の課題にも応えるものとなっている。すなわち、各システムを統一するような憲法的視点は存在しない、という結論である。むしろ、我々は各システムの合理性と正統性を高めるような個別的な制度化としての「憲法」を見出すべきであって、これらのシステムを統合するような「憲法」を探究するのは、「ナイーブ」な試みであることが示唆されている[41]。

---

[40] 山田（哲）2017、138-139頁。ただし、グローバル立憲主義については多様な立場があり、これと異なる理解については、Berman 2016, p. 170.

[41] 普遍的な価値に基づくグローバルな統一的立憲化の提唱に対し、そのような価値が形成されるか見通すことは難しく、メタ規範として、非国家的主体をも含めてその規整的権威を分配する国際私法の手法の有効性を論じるのは、西谷 2017、50頁。

グローバル化といわれる活動領域の拡大があり、機能分化とともに各分野の専門化が進行し、個人は多様な集団に同時に属するようになる。このような世界で、自己をとりまく多様な秩序やシステムを統一的に俯瞰するような視点や、統一的な行動指針を与えてくれるような根底的価値は、あり得るだろうか。全ての活動分野が、日常言語を用いた「生活世界」に還元でき、十分な良識のある生活人は、少なくとも潜在的には、世界の中で生起する全ての問題に答えられる知的基盤を備えている、といえるであろうか。

　システム分化においては、システム間の接続は常に構造的カップリング要素の「誤読」によってなされること、価値観の多様化とその非共訳性、専門性の深化、それに伴う個人のアイデンティティの帰属先の多様化[42]に鑑みるとき、ハーバマスのような「生活世界」へのシステムの包摂、多元的な法システムを統一する視点の提唱は、不可能であるように思われる。社会と法の分断、法の多元化と断片化、その結果としての法間の抵触は、法多元主義理論におけるinterlegality やシステム論におけるその対応物である構造的カップリングによって、部分的に対処されるが、ギャップと葛藤は常に残り、決して根本的に解消されることはない。それが、interlegality の概念とシステム論を参照しつつ論じた本節の結論である。

V　法多元主義における記述と規範

　本章の最後に、Ⅱにおいて、法多元主義の意義を論じた際の第六の点に関わる問題を考察する。それは法多元主義における規範的議論の可能性にかかわる点であった。非国家法の在りようを記述的に明らかにすることを試みた後で、その内容に合理性があるか、正義に適っているか、そうではない場合どう対処すればよいのかが問われるかもしれない[43]。もちろん、研究者は、それは我々の仕事ではないといってもよいのかもしれない。しかし、もし、この法の実践

42　人のアイデンティティは単一のものではなく、多種多様で、時には相反する複数のアイデンティティを持つこと、またそのように考えることにより、「フツ族である」「ヒンドゥー教徒である」というような単一アイデンティティの措定によって、敵対するとされる別の単一的アイデンティティを暴力的に否定することが避けられるとアマルティア・センは論じている。Sen 2007, p. 4. セン 2011、19 頁。

43　法実証主義をめぐる記述的法理論と規範的法理論の対立については、濱 2014、14-16 頁。

的な問題について考えることにするならば、その一つの方法として、我々は規範論において豊富な内容を持つ国家法理論を参照することができる[44]。国家法理論においては、正義、民主主義、自由、平等、権利などの規範的概念が用いられ、立法論やあるべき法についての議論がなされてきた。非国家法においても、必要な修正を加えて、これらの規範的概念や理論立てを参照し、あるべき非国家法について論じることができるであろう。これは、前節Ⅳの3「システム論」で論じた議論にもあらわれていた観点である。国家法のように憲法を持たない非国家法が、従来憲法によって国家法に与えられていた、法としての正統性や政治からの分離をいかにして獲得できるかという、システム論の検討から導出される法多元主義の課題に応えるために、手続的正統性を保障する仕組みや、多様な法システムごとの「憲法化」が提案されたのであった。

　しかし、このように考えるとき、一つの疑問が生じてくる。

　そもそも、法多元主義は、法の多様性を尊重しようとすることから始まったのではないだろうか。非国家法を、国家法に適合しない、あるいは国家法における規範的前提から逸脱しているとして法理論の視野から駆逐することをやめようとしたのではないか。あるべき非国家法を論じようとして、国家法を前提とした既存の法理論を参照するようなことをすれば、法多元主義のそもそもの意図に反することになるのではないだろうか。別の言葉でいえば、法多元主義が規範的理論に踏み出すことは自己否定につながらないだろうか。

　サイモン・ロバーツは、「法多元主義に反対する」(Roberts 1998, p. 95) という論文を著した。彼は、ルーマンの『法社会学』(ドイツ語初版 Rechtssoziologie (1972) 英訳初版 A Sociological Theory of Law (1985)、村上淳一、六本佳平による邦訳は岩波書店 (1977)) を大きな契機として、法という概念を国家法以外に拡大する法多元主義の理論が盛んになり、それによって法学が興味深いものになるとともに、従来の法理論の隠されたイデオロギー性を明るみに出すことになったとしつつも (Roberts 1998, pp. 95-97)、法概念のこのような拡張を批判する。彼によれば、1970年代の法多元主義は、それまで文化人類学の対象でしかなかった植民地における部族的秩序や慣習を、アメリカのロースクールの法学者たちが、彼ら

---

44 ｜ 従来の国家法理論が、国家と切り離しても、法理論として法多元主義に示唆を与えるものであることについて、那須 2014、121-125 頁。

の西欧的な法観に従って法として読み直す試みから始まった「帝国主義的な」起源を有する（*Ibid.,* p. 98）。そして、雑多で多様な性質を持つ社会的規範を、法の名の下に一括する試みは、結局は西欧的な法の見方をこれらの多様な社会的規範に押し付けることになり、緻密な社会学的分析にとって、益よりも害が大きい（*Ibid.,* p. 105）。法と呼ぶことによって、非国家法とされるものの実態が、法律家の抜きがたい偏見により歪められるとする。

　法多元主義における記述と規範の関係についての疑問は、法多元主義とリベラリズムの関係について提起されている疑問とも関連する。法多元主義の受容は、多くの法理論において重視されてきたリベラルな価値を否定することにつながるのではないか、という点がしばしば論じられてきた。リベラリズムと法多元主義が両立しないのであれば、法多元主義はリベラリズムの観点による規範的評価からは、否定されるべきこととなる。

　法多元主義をリベラリズムと親和的に理解する立場も存在する。グローバルな金融取引やインターネット上の取引で形成されるルールにおいては、当事者自治がその正当化根拠として挙げられる。国際仲裁における既述のレークス・メルカトーリア（*lex mercatoria*）や、国際私法における非国家法の選択は、国際私法上の当事者自治として説明される。本章Ⅲ2「社会的規範としての法」で、デュルケームの社会学的法理論に依拠して、社会的集団による法形成が重視された場合にも、その根拠は結社の自由や専門家集団の自治に求められた。また、本章Ⅳ2「interlegality」の議論でみたように、法多元主義の多元性はしばしば、垂直的な統制ではない水平的な私法の領域にその起源が見出されるものとされる。植民地における固有法や部族の慣習を法として是認することが、宗主国の法による支配と抑圧からの部分的な解放を意味し得たのと同様に、これらは、国家法による画一的統制から社会集団や私人の活動を自由にする、解放的なものと理解することもできる（Michaels 2014, p. 130）。

　他方で、リベラリズムと法多元主義は相容れないとの主張もなされる。従来型の共同体的法多元主義の文脈においては、例えば、トルコにおいてムスリム共同体に対するシャリーア法の適用が主張された事例で、個人主義、個人の権利、国家の宗教的中立性、差別禁止というリベラリズムの基本と相容れないために国家はそのような法多元主義を受け入れられないとした欧州人権裁判所の

判決が下されたことは、顕著な例であろう（Refah Partisi v. Turkey, (2003) 37 EHRR 1 (ECtHR)）。また、近年の機能的法多元主義の文脈においても、インターネットの帯域制御にみられるように、非国家法の実効性が、技術的・専門的な論理と仕組みに依存しており、人々に事実上意識的な選択の余地を認めないことは、リベラリズムとの距離を示すように思われる[45]。

　これに対して、非国家法のうちにはリベラリズムの許容範囲のものとそうではないものがあり、前者のみが法として認められると考えることにより、リベラリズムと非国家法の問題に対処しようとする立場がある。この場合、問題となる非国家法がリベラリズムの許容範囲にあるか否かを決定する手続が必要となる。この手続を遂行するのに適任であるのはリベラリズムの支援者であって、その代表格はリベラルな国家であろう。西欧先進諸国は通常この枠内に収まると考えられている。そうすると、具体的には、国家法が私法や慣習法を公序良俗の範囲内で取り込む場合や、各国家の国際私法において他国の国家法や非国家法が準拠法選択される場合に限り、（ある国にとっての国内実定法ではないという意味での）非国家法も法としての有効性を発揮すると考えられることになる。国家法が優位に立ち、国家法の認める範囲内で非国家法の法性を承認するこの考え方は、グリフィスによって「弱い意味での法多元主義」と呼ばれており、非国家法が国家からの承認ではなくそれ自体の内在的な力において法であると考える「強い意味での法多元主義」と区別される。国家法による承認は、非国家法の情報提供者の選別を行い、その内容を変化させるものであり、グリフィスは、「弱い意味での法多元主義」は畢竟法多元主義とはいえないとしてこれを否定し、「強い意味での法多元主義」のみが法多元主義の名に値すると主張

---

45 ｜ 類似する議論として、グローバル化において展開している経済至上主義的なネオリベラリズム（経済分野での自治的規範を重視する）も、リベラリズムを冠しているにもかかわらず、人々を否応なく市場経済に組み込んでいく点において、反自由主義的であるとされる。Michaels 2014, pp. 139-142. また物理的な技術や構成の設計により、人々の行動を一定の方向へ誘導する手法はアーキテクチャとして論じられているが、その自由規制的な側面については成原 2017、39-41 頁。アーキテクチャと自主規制の関係については、大屋・松尾・栗田・成原 2017、233-245 頁を参照。
　大屋 2014、85-115 頁は、情報技術やアーキテクチャの権力の拡大によって、個人の権利の保護者でもあった近代国家の制定法＝国家法の実効性が低下し、非国家的主体による様々な規制が併存するに至っている現代のグローバル化の下での法状態を、「新しい中世」として描き、「このように分散し錯綜した規制主体の下に生きている住民であったとして、私はいったいどのように振る舞えば安全な生活を送ることができるのだろうか」と問う。

する（Griffiths 1986, pp. 5, 8）。

　このように、法多元主義における記述的議論と規範的議論との関係をめぐる疑問は、記述的議論から逸脱すれば、従来の西欧国家法中心主義的な見方を非国家法に押し付けることになるのではないかという懸念を呼び起こす。その具体的な例としてリベラリズムの規範の押し付け、その結果としての「弱い意味での法多元主義」は非国家法の否定につながりかねない。他方で、「強い意味での法多元主義」に立った上で記述的な立場に徹することは可能であるが、非国家法のより適切な在り方や、その国家法とのより望ましい連携の方法を論じる途が閉ざされる。法多元主義が、現代における我々の諸活動の多様性と領域的広がりを支える、法的コミュニケーションとネットワークの在り方を解明しようとするとき、それらの諸活動に対する基本的には肯定的な立場と、その改善の方法についての議論は、法理論としてはなされるべきではない、のであろうか。

　トワイニングは、法理学においては、分析的議論、規範的議論、記述的議論が明確な境界を持たず、実践的な法理論においても、これらが連続していることを示すことが自らの研究のテーマの一つであると述べている（Twining 2009, p. 13）。そして、ロバーツが国家法の外に法概念を広げ、多様なものを一括りにすれば詳細な分析が不可能になると論じることに対して、法という概念はたとえ国家法であっても西欧近代法から古今東西の独裁国家の法まで多様で雑多なものを含み、もともと詳細な分析道具としては期待できないものであると反論する（Ibid., p. 373）。また、「帝国主義的」な動機を指摘する点についても、1970 年代の植民地の文化人類学を前提にした議論では確かにそのような傾向を指摘できるとしても、先端技術の発展やグローバルな取引の拡大を念頭に置き、そこでの機能主義的な非国家法の発展を視野に入れない限り現代法の全体像は理解できないだろうという主張の中には、そのような隠された動機を読み取る必要はないであろう、と述べる（Ibid., p. 375）。

　法多元主義は、国家法と非国家法との併存を記述的に主張するが、それは国家法やそこで追求されている価値を否定しない。しかし、それを自明視するものでもない。また、非国家法に対しても同様に、そこで追求されている価値を否定しないし、かといって自明視するものでもない。法多元主義は、価値の多

様性とそのぶつかり合いを認め、それが最終的に何らかの価値体系や特定の倫理的政治的視点からの統合に至ることはないと考える。

したがって、法多元主義が、記述的議論と共に規範的議論にも関与し、リベラルな価値を否定も自明視もせずに、その射程範囲をそれぞれの非国家法とそこで追求されている価値との関係において考察することは、自らの立場を否定することにはならない。ただ、その際に、法が多元的であること、そこに多様な価値観の共訳不可能性があること、自らの念頭にある法のモデルによって他の法の在り方を不正確に記述する可能性が常にあることを省みつつ研究が進められなければならないことが、以上の議論からの示唆である。

VI　おわりに

以上、本章では、法多元主義をめぐる論点について、概観した。Iで、非国家法の実例をインターネット法を素材として確認した。IIでは、そのような非国家法を法理論的視野に収め、法として論じることの意義を考察した。それは、国際私法における実定法的意義（第一）、グローバル化における非国家法の発展に適した拡張的法理解、西欧法的観点からの脱却、多様な価値観を反映する多元的法分野に対応した記述的意義（第二、第三、第五）、分析哲学による社会学の軽視を是正する方法論的意義（第四）、非国家法と国家法の比較により、あるべき法の姿を追求する規範論的な意義（第六）に分けて論じられた。その後、このIIを前提にして法多元主義に立った場合に生じる問題を順に論じた。IIIでは、法多元主義における「法」とは何かという問題について論じた。これは、法実証主義における①分離テーゼと②社会的源泉テーゼを出発点とし、その機能主義的補充によって説明された。そして「法」の概念は法か法でないかを明確に区別するものではなく、程度問題を含む、と論じられた。しかし、ここで提示された法概念は、多様な法を説明できるという意味で一般的なものではあるが、普遍的であることを目指すものではなく、非国家法を含めたグローバル化における法の概念の拡がりを解明しようとする視点にとって有益であるというに過ぎず、他の法概念を否定するものではない。IVでは、法多元主義における「多元性」とは何かという問題について論じた。ここでいう多元性は、

現代人の生活において、世界に生じている全ての事象について見渡すことができるようなアルキメデス的視点がないこと、断片化した多様な活動の間で、その都度の部分的接合と調整を図るしかないことを結論づけるものであることが示された。Ⅴでは、法多元主義において、記述的議論と規範的議論との関係はどのように考えられることになるかを考察した。具体的には、法多元主義とリベラリズムの関係性に言及した。法と自由との関係は、法多元主義に限らず、アンビヴァレントである。それは、法が集団活動に関わるものであり、個人が集団の中で生きつつ、集団を変化させたり、集団を否定したりする契機であることとも関連するアンビヴァレンスであろう（Zumbansen 2010, pp. 154-156）。このように、法多元主義は、法にまつわる根本的な問題を、国家法のレンズを通した従来の角度とは異なった角度から、改めて探究する素材を与える知的プリズムである。

| 第2章 | 法多元主義における法の一次ルール・二次ルール・三次ルール |

I はじめに

　人と物と資金が国境を越えて移動するグローバル化の進展に伴い、企業の海外投資が増加し、それを受け入れる側の国の体制整備も進められてきた。このような海外投資は、投資とそれによる経済活動に支えられたグローバルな市場の発展の要因であるとともに、先進国の企業が発展途上国の国策事業に対して投資開発契約を締結するような場合には、国際的な政治経済構造にも影響を及ぼす。発展途上国には、先進国の企業などによる開発と投資とを受け入れる一方で、その条件を設定する自国の法や政策、例えば環境基準などを変更したり、時には事業そのものを見直そうとする国内的契機も存在する。それにより、投資と開発計画において大きな損失が生じることもある。その場合、海外投資を行う企業とそれを受け入れる国家との間で、契約や損害賠償などの法的な関係を規律する枠組みが必要となる。しかし、このような国際的な投資においては、投資家は受入国の介入的政策や法制度を信頼できず、他方、受入国は投資家や投資企業が属する先進国における自由競争的法体制を信頼できない。このような相互不信のため、投資家と受入国の法的関係を規律する枠組みとしては、いずれかの国の国家法を最初から前提としたり、いずれかの国の裁判所で判断したりするのではなく、中立的な紛争解決の方法として第三者による仲裁が好まれる理由がある（Teubner 1997, p. 150）。

　国際投資仲裁に限らず、一般に仲裁では、多くの場合いずれかの国の法に従って判断されるが、レークス・メルカトーリア（*lex mercatoria*）[1] とも呼ばれる

---

1 ｜ 本章では現代のレークス・メルカトーリア（*lex mercatoria*）論を扱うが、領域国家や絶対主義確立以前の中世の *lex mercatoria*＝Law Merchant とその国家法への取り込みの歴史的経緯

国際商慣習法が法的判断の根拠とされることもあり、この国際商慣習法は非国家法である。比較的早い時期の例として、1991 年、パリの破棄院は、国際投資仲裁における仲裁廷が、いずれの国家法にもよらず、いわゆるレークス・メルカトーリアに従って下したケースにおいて、これをトランスナショナルな実効性を有するような「法」による判断として、フランスの国際私法上も認められるべきか否かという問題に直面した。Primary Coal Incorporation v. Compania Valenciana de Cementos Portland のケースにおいて、仲裁廷は、多国籍企業による数年間の投資を受けた発展途上国が、その間の世界市場の状況変化と交渉力の不平等を理由に契約の改定を求めたのに対し、レークス・メルカトーリアにおける事情変更の原理と公序に基づいて発展途上国側の主張を認容していた (Teubner 1997, p. 150)。

トイプナーは、仲裁におけるこのようなレークス・メルカトーリアの法的性質を考察する際の三つの観点を挙げる。第一に、レークス・メルカトーリアが法であるか否かを決定するための何らかの根本規範か承認のルールは見出されるか、第二に、レークス・メルカトーリアにおける二次ルールは何か、第三にレークス・メルカトーリアの基礎と起源はどこにあるのか、である。そして、これらの観点は、レークス・メルカトーリアに限らず、宗教、スポーツ、経済などの各分野で活動する非国家的集団におけるトランスナショナルな法形成に共通する問題に関わるものであり、法多元主義における法の同定や基礎の探究の問題を解く鍵であると論じている (Ibid., p. 151)。

トイプナーは、第一の問題に対しては、システム論に依拠し、法の自己言及性と起源のパラドックスを示す。従来の階層的な法的妥当性の授権構造や、オフィシャルな承認のルールの考え方では、法の境界が実際にはより不確定的であり、何が法であるかは法的なコミュニケーションの参加者においてそのつど決定される側面があることが覆い隠されてしまうとされる (Ibid., pp. 152-153)。

しかし、トイプナーは、法が何であるかは法システムの参加者において個別

については、Basedow, 2008, pp. 282-286. ただ、レークス・メルカトーリアは、中世においてもその実態は明らかではなく、現在においても、その概念は限定されたものではなく、広く解するときには、これを国際商事仲裁に関するものだけではなく、ユニドロワ（UNIDROIT）原則などの非国家的な統一的取引ルールの法典化や、ユダヤ法やイスラム法などの宗教法が商取引ルールを含む場合など、私人間の国境を越えた取引に関わる非国家的規範全体を指すものとも捉え得ることについて、Nishitani 2018, pp. 215-219.

に主観的に決定されるという考え方は法理論としてはあまりに非生産的である
とし、参加者による決定を導くような法的コミュニケーションの枠組みを再考
しなければならないとする。

　伝統的な法理論における階層的な根本秩序や承認のルールの発想は、憲法秩
序の下での法の統一を説明しようとしていた。そこでは憲法を戴く国家法秩序
が特別視されていた。しかし、レークス・メルカトーリアを含む新しい法現象
は、グローバル化における私的な規範形成、非国家法、国家法に必ずしも体現
されない人権法（特に自国民ではない者の人権）などを視野に入れる（*Ibid.,* p.
157）。ここでは、法秩序は、国家と社会の階層秩序ではなく、水平的に併存す
る諸社会秩序（トランスナショナルな商取引、スポーツ集団、宗教集団などにおけ
る秩序）によって生み出されるものとして捉え直される。従来は、法秩序にお
いて国家という政治的秩序との関係が特別視され、政治的法形成が特権的地位
を認められていたが、現在では法と国家との結合は相対化され、非国家的な社
会集団による多様な法形成の余地が増大している。

　本書の第 1 章Ⅳ 3「システム論」で論じたように、システム論においては、
法秩序は他の秩序を自己の環境とし、それと相互関連しつつも区別されなけれ
ばならない。異なった秩序＝システムの間で、相互作用しつつも互いの区別を
可能とする仕組みは「構造的カップリング」と呼ばれるが、法における政治的
環境を重視する従来の法理論においては、政治システムと法システムの構造的
カップリング装置とはすなわち憲法であった。そしてそれが、抽象的な根本規
範や承認のルールの具体化でもあった。

　しかし、法秩序が水平的に併存する諸社会秩序に埋め込まれつつ、システム
として自己存立を可能とするためには、憲法とは異なる構造的カップリングが
必要となる。トイプナーはその候補として、歴史的に省みれば、必ずしも常に
国家機関としてではなく、むしろ国家と一定の距離を持ちつつ発展してきた裁
判制度を挙げる。憲法から授権された政治的議会における立法に代えて、当事
者が参加し第三者が判断する何らかの紛争解決制度、何らかの裁定の制度が重
視されるべきであるとする。ここに、先ほどの第二の問いに対する、トイプナ
ーの暫定的な答えを垣間見ることができるであろう。二次ルールを、行為規範
としての一次ルールの制度化として捉えるならば、レークス・メルカトーリア

における二次ルールは、仲裁という紛争解決の制度を中心に理解されることになる。当事者の主観的契約ではなく、契約に基づきながらもその契約の有効性判断や将来の紛争の解決を当事者外の第三者的な制度に委ねる仲裁のような仕組みが、単なる当事者間の実力闘争、経済的関係を法システムへと接続し、変換するのである（*Ibid.*, pp. 159, 164）。

　それでは、どのようにして、このような第三者による裁定制度を通じた法の生成が正統化されるであろうか。これは、非国家法の基礎や正統性を問う、第三の問題にかかわる。従来の憲法の授権に基づく議会立法の下では、正統性の基礎は民主制にあると説明された。しかし、現在生じている多様な私的規範形成を、形式的な立法権限の委譲の構造の下に置くことは不可能であるため、私的な規範形成が恣意的なものとならないような、新たな形での公的な審査やコントロールの方法を我々は考えなければならない。「このことは、私には国家なきグローバル法のパラドックスが現実に生み出している解放的（liberating）な動向であるようにみえる。……そして、伝統的な政治的民主主義との実りある対比となり得るものは、契約、組織、その他の法外的規範形成メカニズムにおける基本的な同意的（consensual）要素のうちに存するであろう」（*Ibid.*, p. 159）と彼は論じる。ここでは、従来の民主的正統性に代わり得る、私的法創造の要素が、当事者や組織内での同意に見出されることが示唆され、階層的なルールから並列的な規範創造へと法の見方が変化することが論じられている。

　以上では、非国家法としてのレークス・メルカトーリアに関するトイプナーの議論に簡単に言及した。この言及の目的は、本章においては二つあった。一つ目は、法多元主義の考察対象である非国家法について、非国家法の候補の一つであるレークス・メルカトーリアをめぐる論争の具体的イメージを、とりあえず示すことであった。二つ目は、法多元主義における「法とは何か」という問題が、前述の第一の法の同定に関する承認のルール、第二の法の制度化に関する二次ルール、第三の法の正統化の基礎という三つの観点から論じられ得ることを示すことであった。法の正統性の基礎に関する第三の観点の登場は、第一の観点である承認のルールが、従来のように国家の上位法である憲法からの階層的な授権構造では説明できず、システムの自己言及として説明されたことにより、なぜそのような法が妥当するのか、従来の国家法における民主的正統

性の代替案はどこに求められるべきなのか、が改めて問われる必要が生じることによる。その意味では、これらの問いは、承認のルールとは何か、また、もし従来のような承認のルールが否定される、ないし不十分であるとしたらどのように考えるべきなのかという問いと、制度化としての二次ルールの意義は何かという問いであることになる。

　承認のルールや、一次ルールの制度化としての二次ルールという観点から法の問題を考察しようとすることは、周知のようにハートの分析法理学の伝統に掉さすものである。ここで紹介したトイプナーの理論は、このようなハートの分析法理学的枠組みに、自らのシステム論を対応させた形で構成されているが、法多元主義において、ハートの承認のルール、一次ルールと二次ルールの結合としての法という理論枠組みは、トイプナーにおけるようにシステム論と接続される以外の方法でも、しばしば出発点とされ、再構成され、多様な議論を生み出している。本章では、以下で、ハートの分析法理学を出発点として論じられている法多元主義の論争を整理し、そこからどのような見解を得ることができるかを考察する。

　まず、Ⅱで、ハートの理論枠組みを、そこで主に念頭に置かれていた国家法の記述としてだけではなく、トランスナショナルな法多元主義における非国家法の在り方にも適合的なものに再構成することを試みたフォン・ダニエルズの理論を整理する。その後、フォン・ダニエルズの法多元主義的な問題意識には共感を示しつつも、その理論構成については批判的な二人の論者に注目する。Ⅲにおいて、フォン・ダニエルズのハート理解に疑問を呈し、自らのハート理論の再構成として、「制度化されたドクトリンとしての法」理解を提唱するコットレルの議論を整理する。Ⅳにおいて、フォン・ダニエルズの理論構成の曖昧さを指摘し、ハートの承認のルールの緻密な分析によってその曖昧さを解消することを試みるミヘールズの議論を考察する。最後にⅤにおいて以上で検討する一連の、「ハート理論の法多元主義的継承」からは何を学ぶことができるのか、何が課題として残されるのかを考察することとしたい。

II フォン・ダニエルズによる一次ルールと二次ルールの再構成と三次ルール

1 フォン・ダニエルズによるハート理論の再構成[2]

　フォン・ダニエルズは、ハートの法概念論を再構成し、法多元主義における法の概念として用いることを試みる。その再構成は三段階にまとめて説明することができよう。まず、第一段階としては、ハート理論の分析により、法を一次ルールと二次ルールの結合として定義するハートの主張とは異なり、一次ルールのレベルで法が他の社会的規範からは区別できることを論じる。ハートは一次ルール、すなわち社会的規範が義務賦課ルールとしてのみ現れている次元では、法を道徳やエチケットなどの他の社会的規範から区別することはできないと論じているが、フォン・ダニエルズはこれに反対する。次に、第二段階として、二次ルールの意義が再構成される。第一段階で論じられるように、一次ルールの次元で法の定義が既に可能であるとすると、法にとって二次ルールを備えることは、ハートのいうほど必須のものではなくなる。しかし、フォン・ダニエルズも二次ルールの重要性を否定しはしない。二次ルールは法の制度化として、その実効性や明確性を高めることに役立つものである。しかし、フォン・ダニエルズによれば二次ルールは必ずしもハートの論じるような変更・裁定・承認の三内容である必要はなく、一次ルールにおける不十分を補うための何らかの制度化につながるものでありさえすればよいため、その方法は一定ではなく多様であり得る。この点が法多元主義の積極的受容につながる点である。ハートの二次ルールは、従来の法実証主義からは、法の国家法化を意味することになろうが、フォン・ダニエルズによれば、現代の非国家法化の現象においては、より多様な制度化の実践が考えられるからである（VON DANIELS 2010, p. 174）

　以上の二段階は、主にハート理論の法多元主義的再構成として論じられるものであるが、最後の第三段階はフォン・ダニエルズの理論的独自性がより強く発揮される展開となっている。第一段階において、基本的には義務賦課ルール

2　以下におけるフォン・ダニエルズの法理論の整理は、浅野 2013、132–139 頁とかなりの部分重複する内容を、本章の文脈に応じて修正したものである。

としての法の定義が採用され、第二段階でその多様な制度化の可能性が論じられ、そのように多様に構成された法の併存と、そこにおける非国家法の存在を認めることによって法多元主義が是認されるが、そのときに生じる問題は多元的な法の間に衝突・矛盾が生じる場合への対処である。フォン・ダニエルズは法多元主義における、この法の抵触問題に対して、ハートの一次ルール、二次ルールに加えて、新たに三次ルールと呼ぶべきものを法の構成要素として考えるべきことを提唱する。この三次ルールは連繋ルール（linkage rules）と名づけられている。ある法システムには自己を同定するルールとともに他の法システムを認知し、それに対する優先、調和、否定などの関係を定める連繋ルールが、少なくとも潜在的に含まれていると考えることができるというのである。このように、あるシステムと他のシステムとをつなぐ仕組みとしては、本章Ⅰ「はじめに」で、トイプナーのシステム論における「構造的カップリング」の概念に触れた。三次ルールは、このシステム論における「構造的カップリング」を、一次ルールと二次ルールにより構成される分析法理学の法理論の中に新たな法の要素として位置づけたものとみることができる。

　以下、この三段階の理論展開について、順に、より詳しくみていくこととする。

2　一次ルールにおける法の同定

　ハート理論においては、一次ルールとは義務を賦課するルールであって、この中には、法的ルール、道徳ルール、エチケットのルール、習慣のルールが等しく含まれる。ハートは、一次ルールの段階でもこれらの諸ルールに異なった呼び方を与えてはいるが、法的ルールがその特質を発揮するのは、それが二次ルールを備えてからであると考えていたため、一次ルールを論じる段階では、これらの区別に大きな注意を払わなかった。しかし、フォン・ダニエルズによれば、この段階ですでに、法は他の社会的規範とは区別できるとされる（Von Daniels 2010, p. 96）。

　まず、習慣とルールは、前者が単なる行動の一致であるのに対して、後者のルールはそのルールを引用するだけで行動を正当化できる点が異なる。ハートの用語を用いれば、内的視点を伴っている点で、ルールは習慣とは違っている

のである（*Ibid.*, p. 90）。この内的視点とは、単なる観察である外的視点とは異なり、人々が自己や他者の行動に対する評価の指針としてルールを用いていることである。このようなルールの前提としては、そのルールに従う集団の存在がある。しかし、集団であれば必ずルールが存在するわけではなく、事故を見物に来た野次馬や、同じ血液型の人の集まりといった、一時的で所属意識を持たない人々の集団の間にはルールは生じない。他方、ルールの存在する集団は、血縁によるもの、場所によるもの、機能的なもの（経済的機能集団としての企業やスポーツ競技を行う集団や環境保護活動を行う非政府組織（NGO）など）など多様であり、統合の強さも様々である。法は内的視点を伴ったルールであり、また集団のルールであるといえる。

次に、集団におけるルールとして共通性を有する、エチケットのルールと法的ルールはどのように区別されるか。バロックの宮廷作法のルールなどにみられるように、エチケットのルールはしばしば厳格な行動義務を課すものであり、法とエチケットのルールは義務賦課ルールとしても共通している。フォン・ダニエルズによれば、両者が異なっているのは、法はエチケットと異なり、正義に関するものである（justice-apt）という点である。この「正義に関する」という点は、エチケットが個人的行為としての善や優雅さや美に関するものであるのと異なり、法が集団の中でのクラス分けや配分や矯正に関わるものであることを意味しているとされる（*Ibid.*, p. 99）。あるいは「公正（fairness）」といわれてもよいが、このような補償や配分を規律するという性質はエチケットのルールにはないものとされている。

最後に、法と道徳の違いが論じられる。一番大きな相違は、道徳は必ずしも集団のルールではなく、個人が理性に基づいて自己に課すルールであり、たとえ集団の既存のルールに反していても道徳的な義務が生じるということがある点である。そして、理性から導き出される義務賦課ルールであるために、道徳ルールは意図的に変えることができないのに対して、法は集団生活の便宜に合わせた意図的改変の対象となること、またこれに伴い、法には例えば成人年齢を 20 歳とする、あるいは従来 20 歳であったものを 18 歳に引き下げるなど、裁量的な選択肢の中から特定のものを決めるという決断性（decisiveness）があるのに対して、道徳にはこれがなく、一般的な定めであることが挙げられる

(*Ibid.*, pp. 101-108)。

　以上、法は、何よりも義務賦課ルールであることが基本的な出発点であり、①内的視点を有する点で、単なる習慣とは異なり、②正義に関する内容を持つ点でエチケットのルールとは異なり、③集団のためのものであり、決断性がある点で道徳とは異なるという性質を持つ、特有のルールである、と結論づけられる。そして、このような法的ルールを有する集団には、偶然一緒にいる事故の見物人の集まりのようなものがそこから除かれる一方で、所属意識を持ち得て、内的視点からルールを援用する用意のある人々の集まりであれば、目的においても統合性の強さにおいても様々なものが含まれる、と考えられている。

3　多様な制度化の基礎としての二次ルール

　ハートによれば、法は一次ルールと二次ルールの結合であり、そうであることによって道徳などの他の義務賦課ルールから区別できるのであるが、フォン・ダニエルズによれば、今述べたように一次的ルールの段階で、法は他の義務賦課ルールから区別可能な特質を有している。そこで、条件さえ整えば、一次ルールとしての法だけで、社会は大きな欠陥なく維持できるとされる。共通の正義の認識のある集団では、ルールもそれほど不明確ではないし、状況の変化のある場合でも、このような状況の変化によって共通認識が崩壊しなければ、特定の立法機関などがなくてもこの共通認識を基礎に自然に個別のルールが変わることも可能であるとされる（Von Daniels 2010, p. 112）。しかし、確かに、現代社会におけるような複雑で規模の大きい集団では、二次ルールが必要となってくることは疑いがないとされ、二次ルールの意義の検討へと議論は進む。

　二次ルールとは何か。まず、これは法に固有のものではない。例えば、ハート自身がゲームにおける二次ルールの例について、ペナルティのルールだけではなく、得点のルールがあることを引き合いに出しているし（Hart 2012, pp. 33-35）、エチケットのルールにおいても19世紀の社交界で特定の貴婦人がルールの変更において特別な権限を有していたというような、二次ルールに該当するものの存在を指摘することができる。

　この二次ルールは、サールの用語を借りつつ、制度的事実を生じさせる構成的ルールである、と説明されている。制度的事実とは、物理的事実のみからは

その意味が理解されないものであって、ボールがある場所に存在するということがサッカーのゴールを意味したり、審判の笛の音が反則の確認を意味したり、紙きれを持っていることが交換価値を示したりすることを指すが、このような社会制度的な意味は、それを支えるサッカーや取引・信用経済のルールがあってはじめて理解できるものである。このような構成的ルールによって、ゲームや市場やその他の制度が世の中に数多く成立しているわけである。したがって、法に二次ルールがあるということは、法は数多くある制度の一つであることを示しているだけで、何ら法に固有の特徴を示すものではない。これを「法の二次ルールは変更・承認・裁定のルールからなっている」と言い換えてみても、法制度には立法府、行政府、裁判所等があるといっているだけのことに過ぎないとされる (*Ibid.*, pp. 114-116)。そしてさらに、制度化に必要な何らかの「公的機関 (offices)」(Hart 2012, p. 28) の形は様々であり得て、裁判ではなく仲裁のような形でもよいし、立法類似のことが、例えばインターネット上の緩やかなコミュニケーション慣行に基づいていてもよいし、国家の三権のようなものが全て揃っていなければならないわけでもない。また、立法府と司法府が揃っている場合でも、その力関係は立法府優位の場合も司法府優位の場合もある、と考えられる。

　しかし、それでは、法における二次ルールは重要な意味を持たないかというと、そうではない。二次ルールは法に特有のものではないから、ハートがいうように、二次ルールを備えることによって社会が法以前の世界から法的世界に移行することを意味しないが、法が人々の従事する他の多くの活動と同様、制度化されることが可能であり、制度化されることによってシステムとして成立するに至る、ということは重要なことである。フォン・ダニエルズは法レジームと法システムを分けて論じており、レジームは一次ルールとしての法のみでも成立が可能であるが、システムとなるには二次ルールを備えて制度化される必要があるという[3]。

　法が二次ルールを持つことは、制度化を意味し、「公的機関を設立すること」

3 　Von Daniels 2010, pp. 116-117. これはデュルケームよる mechanical な原始的法社会と、分業化された organic な現代的法社会の区別と重なるようにも思われる。*Cf.*, Tamanaha 2009, p. 370.

を意味しているとされ（Von Daniels 2010, p. 117）、このことから生じる利益は、ハートの論じるとおり、特別の権限を有する機関とその手続を定めることによって、単純な社会では明確であったが、複雑化した社会では不明確になったルールの内容を再確認したり、新たなルールを決定したり、紛争に決定を与えたりすることが可能になるということであり、これは法の確実性と実効性を維持する上で重要な手段である（Hart 2012, pp. 91-99）。「有効な法」とか「有効な判決」などは全て制度的事実というべきものであり、このような制度的概念は二次ルールなくしては存在しないとハートが述べることは、制度なくして制度的事実はないという自明のことではあるが、別に間違ったものではない。

　しかし、このような明らかな利益とともに、制度化の不利益もあるとフォン・ダニエルズは考える。制度化により、人々の内的視点から受容されていた義務賦課ルールは、二次ルールによって権限を与えられた「公務員（officials）」の内的視点から捉え直されることになる。そこでは、法的ルールに対する内的視点は公務員には必須であっても、一般の人々にとっては必須のものではなくなってしまう。このことは、制度化により、法的正義の内容が、一般の人々の生活感覚に根づいた実質的なものから、理論的で形式的なものになる傾向があることの指摘とともに[4]、一次ルールとしての法ではみられなかったような、一般人の内的視点からの法の乖離という不利益として考えられている（Cf., Hart 2012, pp. 110-117）。

　このように、法の制度化は、利点と欠点を持ちつつ、実際的必要性から推進されることになるが、変更・裁定・承認の二次ルールは法の不可欠な要素ではなく、どのような公的機関を設定し、どのようにその活動の手続を定めるかは、多分に実践的な問題である。二次ルールの中でも根本的なものであるとされる承認のルールは、ハート自身によって認められているように、「その妥当性自体は問われることのない、公務員（officials）の実践によって表されているもの」であることから、制度化の内容は、理論必然的に説明される内容として導き出されてくるものではなく、集団の実践をみることによってしか理解できないものである（Cf., Hart 2012, pp. 108-110）。

---

　4 ｜ このことをフォン・ダニエルズは、制度化によって正義の観念が justice as equity から justice as legality に移行すると表現している。Von Daniels 2010, pp. 120-124.

とはいえ、制度化の方法としては、理論的に二つのものを区別することができるとフォン・ダニエルズはいう。一つは「無条件（unconditional）な制度化」であり、もう一つは「条件的（conditional）な制度化」である。前者は、法的ルールが法システムに服する者の身体に対する制裁を以て実行されるものであり、後者は、制裁の実行が究極的には法システムへの自発的参加に依拠するものであるとされる（*Ibid.*, pp. 132-133）。前者の代表例は国家であり、後者の例は、クラブや教会や赤十字などの非国家的な国内のまたはトランスナショナルなアソシエーションなど、最終的な制裁が当該法システムの構成員であることからの排除である集団に広くみられる。ハート自身はこのような区別を明言しているわけではないが、彼にとっても、強制は二次ルールとしての法にとって不可欠のものではないのだから、強制力を有する国家法のみが法であることを主張するいわれはなく、条件付きの制度化が広く認められてよいはずだとフォン・ダニエルズはいう。またこのことは、法が義務賦課ルールであることと、強制力を有していることは別の問題であることも論じている。

このように、二次ルールによって、法的ルールは様々な形で、国家におけるとともに国家以外の様々な集団においても制度化され、法システムとなる。ここでは、国家法とともに非国家法の余地が認められることとなる。二次ルールの整備が、人々の内的視点からの法の乖離をもたらすという、フォン・ダニエルズによる不利益の指摘も、このような法多元主義の観点から新たな意味を持つことになろう。二次ルールによる厳格な制度化を重視すれば、制度化の完成体と目される国家によって法が抱え込まれてしまうが、二次ルールをある程度相対化し、一次ルールの形成により直接的に関わる人々の活動を重視すれば、制度化の途上にあるような非国家的集団におけるルール形成を法の視野に取り込みやすくなる。

ところで、フォン・ダニエルズによれば、このように成立した法システムはその性質上、自己以外にも他の法システムが存在することを前提とし、認識せざるを得ないものである。そのため、法の制度化は、複数存在する他の法システムとの関係を常に意識し、何らかの対処を用意する可能性を伴うものであるという。

こうして議論は、ハート理論の再構成の第三段階である、併存する法システ

ム間の関係を扱う連繋ルールの主張へと展開する。

4　連繋ルールとしての三次ルール

　なぜ、制度化された法システムは、その性質上、自己の他にも法システムがあることを認識するのだろうか。フォン・ダニエルズによれば、それは制度化における承認のルールの確立に伴う結果である。

　一次ルールとしての義務賦課ルールは、人々に、遵守するべきルールを直接的に指示する。これに対して、承認のルールは、ルールの源泉を問うことにより、法システムの適用範囲と、法システムにおける機関の権限の範囲に限界があることを認識させる。適用範囲の限界とは、ハートの例にならっていえば、「議会における女王が制定した」（HART 2012, pp. 25, 102, 107）という承認のルールが、自ずから「Great Britain において」という適用範囲を意識させることである。法は常に集団のものであるから、義務賦課ルールの段階でも適用範囲は集団に限定されているといえるのであるが、承認のルールはそれを意識化する作用を伴う。次に機関の権限の範囲の限界とは、承認のルールは制度化に伴って形成される公的機関の権限を認めると同時に、権限踰越（*ultra virus*）の事例についても定めることになることを意味する。公的機関を作れば、反動のターゲットが絞られる（問題が生じた時に責任の所在が明確化する）ことから、権限の限界が意識されやすくなる（VON DANIELS 2010, p. 132）。

　法システムによって意識される、このような二つの限界は、承認のルールが「何ものかが常に、与えられた承認のルールの外に、あるいはそれを超えて存在している」（*Ibid.*）ことを意味することに由来する。現代では、前述したような、国家以外の「条件的な制度化」を伴った非国家的法システムが顕在化してくることと相まって、承認のルールは他の承認のルールの存在に対する認識効果を高める、と考えられる。

　「外部を意識する」承認のルールの帰結として、国家法と非国家法の併存により法抵触の契機が拡大する法多元主義的状況の中で、これらの諸法が互いに他の法システムをどのように扱うかに関する第三のルール群として、連繋ルールが生じる。従来からよく知られた連繋ルールの例として、異なった国家法間で相互の扱いを準拠法ルールに従って定める国際私法が存在するが、相手を無

視したり、抑圧したりするという選択肢も含め、管轄を定めたり、権限を委譲したり、融合させたり、従来の国家法間での国際私法の方法論を非国家法の場合にも用いたりと、多様な連繋ルールが理論的にも経験的にも存在し得る[5]。

　一次ルール、二次ルールは、単一の法システムの内部にあり、その構成要素となっている。これと異なり、この第三のルール群は例えば、他の法システムに権限を委譲する連繋ルールが、それを受容する他のシステムや、そこにおける連繋ルールを想定するように、自身の外部を向いている。しかしながら、権限移譲のルールが、法システムの内部の行為義務や制度の中味を決定したり、これに影響を与えたりすることも当然である。このように、内を向いたルールでもあり、外を向いたルールでもあることを、フォン・ダニエルズは三次ルールの「ヤヌス的両面性」といいあらわしている（VON DANIELS 2010, p. 161）。

　このような三次ルールは、ハートを参照しつつ、妥当ルール（例として、中世における国家法と教会法の関係が挙げられている）、補完ルール（例として、契約や仲裁のモデル法を国家が取り入れる場合が挙げられている）、権限移譲とその受容（例として、国際オリンピック委員会（IOC）にスポーツ法の運用が委託される場合が挙げられている）のルールに区別されて論じられているが（*Ibid.*, p. 159）、その発展と理論的整理は、今後の法多元主義の実践に委ねられている。

Ⅲ　コットレルの法多元主義論

1　フォン・ダニエルズに対するコットレルの批判

　ロジャー・コットレルは、イギリスの法社会学者である。彼は、今日の、国家法でも、国家間の条約としての国際法でもないような、しばしば国境を越えて活動する企業や民間団体によって形成されるガイドラインや標準やコードその他の規範が、非国家法として人々の行動に大きな影響を与えている現状について、多くの研究者が法理論についての「何か新しいターム」が必要であると感じているとする。そして、「トランスナショナル・ロー」や「法多元主義」

5｜国際的行政法の議論では、EUと加盟国との関係等を表す連携（verbund）と、抵触法的方法論とは明確に区別されているが（原田 2015a、30-36 頁参照）、ここでいわれている連繋ルールは、自法と他の法との違いを認識しつつ相互関係を定めるルールを広く含み、その中には抵触法的ルールも含まれる。

の観点からの考察が試みられるべきであることを提唱する（Cotterrell 2012, pp. 500-504）。コットレルは、法多元主義を「異なっており、単一化不可能である規制的レジーム間の関係を折衝しようとする規範的試み」とする。そして、このような法多元主義は、法とは何かという問いが哲学によって明らかにされ、法律家が前提とできるような「真の」本質的で不変の性質を持つものとして示される可能性を否定し、法的権威は、法実証主義が用いてきたと考えられる「妥当性の系譜的テスト」によってではなく、異なった規範的秩序や実践の間でのコミュニケーションや調整によってプラグマティックに打ち立てられると考える点で、従来の近代法のオーソドックスな考え方を覆す潜在力を有していると論じる（Cotterrell 2017, p. 21）。また、法の抵触の問題に対しては、従来のアド・ホックで例外的な扱いではなく、より一般的で継続的な解決方法の模索が必要であることを主張している（*Ibid.*, p. 25）。

コットレルは、非国家法やトランスナショナル・ローについて考えるためには、哲学的な法の性質の考察より、法社会学的なまたは社会科学的な研究を行う方が実り多いと考えているようである[6]。それでも、フォン・ダニエルズによる、従来の法哲学における法概念論の伝統、具体的にはハートの法理論を、近年の新しい法現象にも適合するように再構成しようとする試みは、その上に経験的な研究を積み重ねていくことを助けるような、多様な法現象の暫定的な布置を描く土台を提供するものとして評価する（Cotterrell 2012, p. 505）。

しかしながら、コットレルはフォン・ダニエルズの理論を、二つの点において批判する。第一に彼のハート理論の理解について、第二に彼自身の法理論について、である（*Ibid.*, p. 506）。コットレルは以下のように論じる。

まず、前述のようにフォン・ダニエルズは、一次ルールのみで法となり得る、つまり一次ルールの段階で法は他の道徳や習慣などと区別することができるとし、このような自分の理解は、ハート理論と矛盾しないというが、そうとは考えられない。ハートは、明らかに、二次ルールの導入が前法的世界から法的世界への契機であるとし、一次ルールと二次ルールの結合により社会的ルールははじめて法となる、と論じている。フォン・ダニエルズは、ハートにとって国際法は法であったというが、ハートは基本的にそれを一次ルールの集積だと考

---

6 ｜ コットレルの法社会学と法文化論については、高橋 2009、171 頁で紹介されている。

えており、十分に法的性質を備えたものとは考えていなかった。

次に、フォン・ダニエルズは、一次ルールの段階で法が他の社会的ルールとは区別できると考え、その特徴を、個人の主観的道徳ではなく集団的なものであり、そのため決断性があり、また「正義に関する（justice-apt）」という点に求めている。しかし、これらの中で最後の、「正義に関する」ということの意味は不明確で、「〜するべきである」とか「正しいことである」などの言い回しは、彼がそれによって法とは区別しようとするエチケットのルールにも容易に用いることができ、同様に公正さは道徳にも共通の要請である。要するに、この要件はミステリアスなものにとどまっている。

これに対して、法が、道徳のように個人的な判断によるものではなく、集団的に用いられるということはフォン・ダニエルズのいうとおりである。しかし、それが意味するのは、何らかの機関が、それが必ずしも集団の一部に権限が集められるのではなく集団全体である場合も含めて、ルールを設定し、保証し、解釈することが要求されているということである。そして、これはまさにハート的観点からみれば、二次ルールが所管するべきことである。

さらに、道徳とは違い、決断性があるということも、法をそのようにある時点で決定することができるような、ハートの所謂「公的（official）」な実践の存在を示唆するものである。内容について不一致が存在するときや、異議が提出されているときに、法が決断性を持ち得るのは、法を形成し、裁定し、解釈し、執行するような機関が存在する場合のみであり、ハートの二次ルールはまさにこの文脈で論じられている（*Ibid.*, p. 508）。

以上が、コットレルがフォン・ダニエルズに対して向けた反論である。この反論は法多元主義の理論の精緻化においてどのような意味を有しているであろうか。

まず、確認しておかなければならないことは、コットレルがフォン・ダニエルズに対して反論を加えているだけではなく、正しいとみている点もあることである。コットレルによれば、フォン・ダニエルズは、一次ルールと二次ルールの結合、つまりルールの制度化そのものは、道徳やその他の社会的ルールにもみられるもので、法に特有なものではないという主張においては正しい[7]。

---

7 | Cotterrell 2012., p. 507. *Cf.*, Bayles 1992, p. 77.

しかし、コットレルによれば、一次ルールの段階で法を他の社会的ルールから区別できるというフォン・ダニエルズの主張は誤っており、また、ハート理論の解釈としても不正確である。むしろフォン・ダニエルズの挙げる集団性や決断性という法の特徴は、二次ルールの重要性、つまり法における制度化の重要性を裏づけるものと考えられるべきである、とされる。

つまり、一次ルールとしても、一次ルールと二次ルールの結合としても、法の、他から区別されるべき性質は明らかにはならない。しかし、制度化は法において中心的で重要な要素であることは明らかにされるべきである。これがフォン・ダニエルズのハート理論の再構築に対する、コットレルの対案である。

ここで残される問題は、法において重要かつ中心的な問題である、この制度化をいかに理論化するか、この制度化と一次ルールとの関係をいかに考えるかであるが、コットレルによれば、これらの問題はもはや哲学的に解答が見出されるようなものではなく、社会学や歴史学などの経験科学によって、文脈的にしか答えることができないものである。制度化の方法や、そのような制度化とその対象となる一次ルールとしての行為規範との関係の解明は、社会的実践の分析によってのみ可能となる、とされる（*ibid.*, p. 508）。

2 コットレルの「制度化されたドクトリンとしての法」

1 でみたように、コットレルは、フォン・ダニエルズが一次ルールの段階で法を同定しようと試みたことは失敗であり、法には制度化の要素が必須であるが、しかし、制度化されてもなお法は他の社会的規範から区別され得ない、と考えている。

そもそも、前述のとおり、コットレルは、法多元主義を、法には哲学的に探究すべき普遍的な性質が備わっていると考える立場には与しないものとし、法の概念の文脈化と経験的分析を擁護している。この観点から、行為規範としての一次ルールについても、制度化としての二次ルールについても、新たな視点が提示されている。

まず、行為規範としての一次ルールについては、なぜ法の視野がルールに限

また、この点はハート自身も認めている点である。*Cf.*, Green 2012, p. xxiv、グリーン 2014、434 頁。

定されなければならないのかが問われ、ガイドラインや原理やスタンダードなどの、現に人々の行為を方向づけ、秩序づけている多様な規範が考察対象となるべきとされる[8]。これらの多様な規範を、コットレルは「ドクトリン」と総称する（Cotterrell 2012, p. 508. Cotterrell 2017, pp. 37-38）。法とはこのようなドクトリンが制度化されたものである。

次に、制度化についても、二次ルールのカテゴリー的概念化にこだわるべきではなく、何らかの機関が、法を形成し、解釈し、執行している実態を観察すればよいとする。このとき、ある機関が、法創造・裁定・法執行の全てを行っているとは限らず、その一部のみを行っている事例が、観察されるであろう。例えば、ガイドラインやモデル法の作成を行う機関の作用は立法に偏り、仲裁を行う機関の作用は裁定に偏っているであろう。

このように考えるならば、法多元主義において有効な法のモデルにおいて、「法性」というものは程度問題であり、「制度化されたドクトリン」は、そのドクトリンの態様と制度化の度合いに応じて、「多かれ少なかれ」法的であると表現されるものである、とコットレルはいう（Cotterrell 2012, p. 508. Cotterrell 2017, p. 38）。それ以上の法の実態は、法の哲学的探究ではなく、法社会学的観察に

8　法がルールに還元されず、行政機関が資源配分や契約締結を行う場合や、ルール適用の際の解釈やルールの形式的適用が不適切な場合には、経験知や専門知や結果からの正当化やスタンダードの考慮が求められるとハート自身が考えていたことは、書かれてから57年後の2013年にハーヴァード・ロー・レヴューに掲載された彼の「裁量」論文からうかがえる。Hart 2013, pp. 652, 655-656, 660, 661, 665（しかし、この論文の中では、原理＝principle については、鉛筆を削るときにフォークとスプーンとナイフの内からいずれを選ぶかについては原理から明らかであり、この場合には裁量は存在しないとして、ルールを補充する裁量の要素の中には入れていない。*Ibid.*, p. 658）。この論文の執筆と発見の経緯については、Shaw 2013, p. 666. ニコラ・レイシーは、裁量論は、法の支配との間で問題を孕んでいたこと、自身が『法の概念』で行ったルール適用に関する「核心部」と「周縁部」の区別を不明確にすること、ハートがこの論文執筆当時に対話を行っていたハーヴァードのリーガル・プロセス学派が制度化に関心を有していたこと、また当時の法理学の傾向が哲学的であり、社会学的なものを軽視していたことから、ハート自身は後にこれを大きく発展させることがなかったと論じている。Lacey 2013, pp. 644-650. レイシーは、このようにハートの裁量論の展開の潜在的可能性から、ハートの「通らなかった道」として、第一にR・ドゥオーキンのように規範哲学的に裁量の余地を制限していく道、第二にG・ポステマのようにコモン・ローにおける制度化と法専門家の実践という歴史的観点に移行する道、第三に裁量が行われる制度や裁量を行う専門家の訓練や責任を経験的に研究する道があり得たとする。レイシーは、第三の道がハートの記述的社会学の側面を十分に発展させることになったのではないかと論じ、その道は、今日、法理論の最も生産的な方向性を示していると彼女が考えている法の社会学的研究であるタマナハ、トワイニング、コットレル、彼女自身に受け継がれているとする（*Ibid.*, pp. 649-651）。ハートの「裁量」論文とそれをめぐるレイシーの論文および「裁量」論文の発見者であるジェフリー・C・ショーの論文については、濱 2018b に詳しい。

よって明らかにされるより他はないとされる。

　そこで、以下では、コットレルによって、法社会学的観察から得られる近年の多元主義的状況における法の特徴とされるものを、本章での関心に沿う形で、取り上げてみよう。第一に、法の制度化の背景にある集団の特徴、第二にその集団における法の正統化の特徴、第三にそこでの専門家の役割である。

　まず、近年の法多元主義における非国家法の生成の背景となる集団として、従来の、国家との対比で捉えられる「社会」とは異なる性質を持った集団が発生していることが注目される。コットレルはこれを、従来の「社会（society）」とは区別するために「コミュニティ」と呼んでいる（Cotterrell 2012, p. 515）。「コミュニティ」は、近年の非国家法が、国家の産物ではなく、非政府組織により担われているという意味では私的なものであり、また、国家による「上からの」授権構造からは説明できない、「下からの」法形成を行う集団である。しかし、それはしばしば国境とは無関係な活動範囲を有する企業やグローバル非政府組織（NGO）やインターネット・コミュニティやスポーツ団体などであって、従来「国家 対 社会」として、国家との対比の中で捉えられてきた、主に国内的な社会とは異なっている。また、コットレルは、ここでいう「コミュニティ」からは、しばしばこの言葉に付属させられがちな情緒的な紐帯やロマンティックな要素やノスタルジックな感慨は排除されているとする。これは単に、その時々に異なった規制目的と課題を共有した諸個人が、必要に応じて参加し、退出する多様な集団を意味するという。また、これらのコミュニティは相互に排他的ではないことが重要である。したがって、人々は同時にいくつものコミュニティに参加することができる（Ibid.）。この点も、国民の全体的な生活共同体であり、いくつもに同時に属している事態は例外的であるとみなされる社会とは異なっている[9]。

---

9 ｜ これに対して、法の概念論は法実践において意味を持たないと反対し、法の原理的解釈論を唱えるR・ドゥオーキンの法理論は、特定の法解釈共同体の存在を前提としているため、多様に交錯するコミュニティが併存する現代的状況では成り立たないとコットレルは論じる。Cotterrell 2015, pp. 306-307, 315. これに対して、ドゥオーキンの提唱する原理に基づいた「インテグリティ」の考え方に沿ってグローバル化における法の新しい在り方を考察する山元2018、11-16頁は、人権に表される共通価値のグローバルな確立を目指す議論であり、本書の法多元主義とは視点が異なったものと考えられる。しかし、人権についても、その内容は必ずしも普遍的ではなく多層的であるとし、権利の内容自体はひとまず括弧に入れて、非国家的なものも含む多様なアクターによる多元的な権利実現プロセスが存在する状況に注目す

次に、このような「コミュニティ」における法の正統化は、従来の国家法における民主主義的正統化には依拠できない。コットレルはここで、二つの正統化の根拠の可能性を示している。第一に、ドクトリンをその規制目的との関係で理解することである。ドクトリンは、それが規制しようとする活動に従事する人々に対する権威との関係で認識されねばならず、ドクトリンの権威は、特定の「コミュニティ」でどのような規制が目的とされ、必要とされているかによってその正統性が判断される[10]。第二に、多元的法状況においては、制度化されたドクトリン間の「間制度的」な相互過程の中で正統性が承認される。制度化と密接に関連する、法創造、解釈、執行に携わる機関は、他の制度化を担う機関との間に相互ネットワークを形成しており、これらは単一の権威（authority）ではなく、諸権威（authorities）を構成し、そこから正統性を引き出している、とされる（Cotterrell 2017, p. 37）。この、共有された権威ないし正統性の考え方については、この節の後で改めて触れる。

　第三に、法多元主義的な法の正統性を考察するにおいては、従来の国家法における裁判官や弁護士や立法案の起草者などの法律専門家とは異なり、特定の規制的課題に関する専門家の果たす役割が重要である。世界の森林の責任ある管理方法についての標準を設定する、独立の非営利の非政府組織である森林管理協議会（Forest Stewardship Council）（本書9頁参照）や、農水産物の生産過程の適正さを保障するグローバルな標準を作って生産者を規制するグローバル・ギャップ（GLOBALG.A.P.）などはよく知られている例であるが、ここでは、森林保護や農水産物の安全などの特定の機能的分野（functionally specific areas）における専門知識が、正統性や権威の基礎を支えている。従来のジェネラリスト的な法律家の専門知識には収まらない、各機能分野における専門知識に支え

るグローバル人権法の考え方が、江島 2018、69-82頁（特に 74頁）によって提唱されている。本書では、人権法については、江島と同様に、法実現主体が非国家主体を含め多元的であること、その内容やアジェンダも、障害者、女性、人種、貧困などと多様で多元的であることから、法多元主義的な観点からの分析が可能であると考えている。しかし、人権は個人の権利であり、本書の重視する部分社会や機能的共同体におけるルール（など）の制度化とは異なる思想的文脈があるかもしれないこと、従来人権は普遍的な共通価値であると考えられてきたことなどから、法多元主義におけるその位置づけにおいては今後の考察課題としたいと考えている。

10　コットレルは、正統性と権威をほぼ同義に用いている。*Cf.,* Cotterrell 2017, p. 32. また Cotterrell 2012, p. 516 においては「法的権威とその正統性、あるいはより広くは、その実効性の実践的な裏づけ」と述べられている。

られた法の合理性が要求されており、それが必ずしも強制力を伴わなくとも人々が従う正統性の条件となっている（Cotterrell 2012, p. 519）。

　以上、一次ルールの拡大としての「ドクトリン」と二次ルールの実質としての「制度化」の概念により、「制度化したドクトリン」の併存としての法多元主義における暫定的法モデルを提唱するコットレルの理論を整理した。そこでは、法多元主義を生み出す「コミュニティ」の存在形態、規制目的との関連での法の正統性、機能的専門分野における専門家の役割の重要性が観察可能な事象として論じられた。これらの観察可能な事象のうち、「コミュニティ」の要素は主に二次ルールにかかわり、正統性はドクトリンとしての一次ルールの性質に主にかかわり、専門家の役割は一次ルールと二次ルール両者にかかわる社会的事実といえるであろうか。筆者は、第1章のⅢ「法多元主義における『法』」3「法の機能」において論じたとおり、共同体における生活全般を規律する秩序が、植民地の宗主国法と固有法のように重なっている場合と、インターネットやスポーツや商取引などの異なった活動領域における非国家法が国家法や他の非国家法と重なっている場合を区別し、前者を共同体的法多元主義、後者を機能的法多元主義と呼んでいる。そして、現代のグローバル化やコミュニケーション技術の発展による、多様な集団活動における非国家法の在り方に関心を持つ場合には、後者により多く焦点が当てられるべきであると論じた（本書29-31頁参照）。コットレルは、「コミュニティ」という言葉を使って説明してはいるが、それを情緒的歴史的な共同体のイメージを伴わないものとし、特定の機能分野における規制目的との関連で捉えている。彼の観察する法多元主義は、筆者の考える機能的法多元主義と内容的にはほぼ重なるものと考える。

　最後に、彼の三次ルールへの対応をみてみよう。彼は、フォン・ダニエルズの連繋ルールの理論に対しては、短い紹介をしているだけで、特に批判も支持もしていない。しかし、彼の理論の中で連繋ルールにかかわると考えられる点は多々あるので、その点について、言及しておく。

　前述のように、コットレルは、国家法中心主義的、一元主義的な従来の法理論においては、法の抵触の問題は、アド・ホックに例外的に扱われていたに過ぎず、より一般的で継続的な解決方法の模索が必要であることを示唆していた。また、彼が法多元主義において依拠する多様な「コミュニティ」は相互に排他

的なものではなく、人々は同時にいくつもの「コミュニティ」に属し得るとされる。そして、これら重なり合う「コミュニティ」における法の正統性は、「間制度的」に承認されるという。

「間制度的」な正統性の概念は、ニコラ・ローハンの「相関的な権威論」を参照するものである。ローハンは、法実践は現在ではもはや国家法に関するものを取り上げるだけでは説明できず、法多元主義の知見から学ぶべきものが多いとする (Roughan 2013, p. 69)。そして、国家と法を切り離して考察するための方法として、国家という物理的制度とその規範的力である権威を区別して考え (Ibid., p. 71)、権威は国家とは異なり、単一性や排他性を必然とするものではないと論じる。そして、多元的に権威が存在する状況においては、相互に調整し、協働し、甘受することでのみ、手続的かつ実質的理由に基づいた均衡を保つことが可能になると考える (Ibid., p. 149)。権威がこのように他の権威との関係において成立することは、子どもに対する父親の権威は、母親の権威と協働しているときには強まり、そうではないときには父親の権威、あるいは親の権威というもの全体の失墜につながる危険があるという身近な例においてわかりやすく説明されているが、EU 法と各国家法や、仲裁判断の国家法における受容など、国家法と非国家法との関係における各々の法的権威の場合にも関係性が影響を与えることは同様である[11]。

コットレルは、ローハンの相関的な権威論は、「人々に対する、他の行為理由を排除する指図」として一元的に理解されてきた権威論 (Raz 1990, p. 39) を、法多元主義の中に取り込む画期的な試みであると評価しつつも、権威の性質に関する普遍的テストを明らかにしようとし、また諸権威が共有され相互に正統性を認められるための普遍的で本質的な「相関的条件」を追求する点で哲学的なものであり、実態はそのような理想には程遠いとする (Cotterrell 2017, pp. 30-33, 37)。

とはいえ、「法」とは何かに関する理論においても、法の権威と正統性の理論においても、従来のヒエラルキー的理解や系譜的発想が説明力を失い、他の法制度や権威との相互依存や関係性が重視されるようになり、制度化を担う機関相互の関係をみることによって、並立する法制度間の相互承認（あるいは相

11 ｜ ローハンの相関的な権威論については、近藤 2017、41-42 頁を参照。

互承認の失敗）の実態を知ることが重要であるというのが、コットレルの見解である。法多元主義においては、併存する法制度間の関係性が重要であることが彼の理論からは読み取れる。しかし、その関係性が三次ルールというような何らかの法的概念化につながるようなものと考えられているのか否か、またその一次ルール、二次ルールとの関係は明らかではない。

3　小　　括

　フォン・ダニエルズは、一次ルールと二次ルールの理解において、両者の結合によりはじめて法となるのではなく、一次ルールのみでも法として他の社会的規範から区別できると論じた。二次ルールとそれを用いる公的機関が成立すると、内的視点の所在が、一次ルールを担っていた集団の諸個人から公的機関の担当者の下に移り、人々の意識と公的機関の意識の間にギャップが生じる。非国家的団体という意味で私的な集団が、自発的に法を生み出し、維持していくという非国家法のイメージにおいて、フォン・ダニエルズが制度的要因よりも一次ルールを重視することには、もっともな理由があるようにも思われる。一次ルールの重視は、人々の自発的協働と法との距離を近づける視点となるからである。また、一次ルールを重視するといっても、フォン・ダニエルズは二次ルールを重要でないとするのではなく、何らかの二次ルールを持つことが法にとって有用であることは認め、ただ、二次ルールは法に特有ではなく、また二次ルールによる制度化は多様であり得ると論じているだけである。

　これに対して、コットレルは、一次ルールで法を同定できるとは考えない。それは、ドクトリンと彼が総称する、ルール以外のスタンダードやガイドラインや原理や助言的なものも広く含めて、一次ルールから拡大された社会的規範を法理論の視野に取り込もうとする意図からであった。さらに、彼は制度化を重視するが、フォン・ダニエルズと同様に、制度化は法に特有のものではないことを認めるため、一次ルールを法とは判然と区別できないドクトリンにまで拡大してしまうと、そのような一次ルールと二次ルールの結合によっても法は同定できないこととなる。結局、フォン・ダニエルズとコットレルは、非国家法にも視野を拡大しようとする意図において共通し、非国家的集団により生み出される何らかの行為規範とその制度化の両方をともに重要と考える点でもそ

れほど違いはない[12]。両者の違いは、フォン・ダニエルズは法を他の社会的規範から区別して同定できると考えるのに対し、コットレルは法の「法性」が理論により完全に解明されることを否定し、法は程度問題であるとする点である。コットレルは、これを法哲学と法社会学の相違であると考えている[13]。

　三次ルール、あるいは異なった法制度間の関係性をアド・ホックにではなく一般的に扱う枠組みの必要性については、フォン・ダニエルズもコットレルも、法多元主義における必然的な問題であると考え、しかしそれは今後の理論と実践の発展に委ねられると考える点で共通している。また、コットレルが制度化を担う機関を重視するのは、機関が存在することによって他の機関との折衝が現実的に可能となることも一つの理由である、とされている（Cotterrell 2017, p. 37）。

　フォン・ダニエルズとコットレルの論争においては、法が分析法理学の手法によって他の社会的規範から区別して同定できるのか、できないのかで見解が分かれた。一次ルールと二次ルールについては、その意義が両者によってそれぞれ異なった形であるが、ともに法理論の重要な要素であるとして、各々その内容が検討された。それに比べ、三次ルールについて、あるいは異なった法制度間の関係性を一般的に論じる方法についての、法多元主義における重要性と必要性は共通の認識ではあるが、その理論的位置づけ、特に一次ルールと二次ルールとがいかに関係するのかについては深く論じられなかった。そこで次節では、一次ルールと二次ルールとの関係で三次ルールがどのように理論的に位

12　さらに、コットレルはフォン・ダニエルズが一次ルールの段階で「正義に関するもの（justice-apt）」であるとして法を他の社会的規範から区別することに対して、正義とは神秘的な概念であり法の同定に役立たないとし、一見正義の概念に対して否定的であるようにもみえるが、自身、法律家の役割として正義と法の支配へのコミットメントも忘れてはならないとも論じており、この点でも両者の間に大きな隔たりはないように思われる。Cotterrell 2017, p. 39.

13　これに対して、フォン・ダニエルズは、分析法理学は普遍的性質を持つ一般理論ではあり得ないが、分析法理学とは経験的な反対物であるようにみえる法多元主義も、一般的な哲学の論争から逃れられない、とする。ここでは、哲学的論争とは、ヘルメノイティックの方法論や哲学的な価値論を意味している。Von Daniels 2017, pp. 164, 174-181. 分析的法理論は、コットレルのいうように、哲学的ではあり得ないが、法とは何かという問いは哲学的な普遍的な価値論からは逃れられないということであろう。分析法理学と法哲学と（法社会学的な）法多元主義の三者の関係を、伝統的な分析法理学が、ハート以降、ドゥオーキンの規範的法哲学と法多元主義の両者の異なった観点から批判を受けている構図にあるとして現段階の理論的対立を捉え、法多元主義的分析法理学の展開の可能性を論じるものとして、田中（成）2017、29-33頁。

置づけられるのかを論じるミヘールズの論文を考察する。

Ⅳ　ミヘールズの三次ルール

1　ミヘールズの法多元主義論

　ミヘールズはドイツ出身で、現在はアメリカの大学の国際私法学者であり、従来から、国家法の重要性を主張しながらも、法多元主義に大きな関心を寄せている[14]。彼によれば、法多元主義とは、一つの社会的領域に二つ以上の法あるいは法システムが併存していることを認める理論であり、①全ての法が国家法ではない、すなわちいくつかの非国家的規範的秩序は法と呼ばれるに値する、②法の複数性は必然であり、法は一つではなく、複数ある、③異なった諸法は相互関連しており、そこには重複や抵触があり、これを何らかのヒエラルキーや客観的領域画定により解決することは不可能である、と主張する立場である。そしてこれは、国家法的法実証主義に対する挑戦である、とされる（Michaels 2017, p. 92）。

　ミヘールズは、上に述べた三つの法多元主義の特徴の中で、特に③の異なった諸法、あるいは法システム間の相互関連の在り方について、詳細に論じている。彼は、法多元主義的状況においては、このような相互関連に関する三次ルール（tertiary rule）が、法の内部に関する二次ルールとは異なった類型として必要であるとする（Ibid., pp. 90-91）。

　彼は、この問題に関する従来の法多元主義の思考方法は不十分であると批判する。従来の法多元主義は、国家法とは異なる法秩序が存在していることを認識し、その非国家法と国家法との相互関連をみようとする時に、はじめに何が法秩序であるかを決めてから、その法秩序と他の法秩序との関係を考える。しかしこれでは、法の多元性の問題は、法概念論の後に考えるものとなってしまい、いったん確定された法が実際にどのように動くかの議論ではあっても、法の性質そのものとしての多元性の議論にはなり得ない。このような従来の思考法は、人間の在り方について考察する時に、まず社会から切り離された個人を

14　ミヘールズの三次ルールとフォン・ダニエルズの連繋ルールがグローバル法多元主義の下での抵触法においてどのような意義を有しているかについては、横溝 2017、79 頁以降を参照。

想定してから、おもむろにそれらの個人の動き方として社会的関係をみるリベラルな個人主義と同じく非現実的であるとする。そこで、彼は、いわば、人間をそもそも社会的存在であると考える立場から出発するように、法とは何かという考察の中に、他の法との関係性、彼の言葉に従えばinterlegality（この概念については、本書第1章Ⅳ2「interlegality」も参照）を読み込むことを試みる（*Ibid.,* pp. 94-95）。そのような試みの鍵となるのは、ハートの二次ルールである承認のルールである。

2 三次ルールと承認のルール

　ミヘールズは、フォン・ダニエルズの連繋ルールと自身の三次ルールを、異なった法システム間の相互関係の理論化という共通の問題関心に基づいたものであると評価する。フォン・ダニエルズにとって連繋ルールは、ミヘールズの構想と同じく、ハートの一次ルールと二次ルールとは異なった、第三のルール群であり、法にとって前二者に劣らない重要性を有しているものである。またそれは従来の国家法的法実証主義にみられる一元論的な認識論の限界を破るものである。

　しかしながら、ミヘールズによれば、フォン・ダニエルズの理論には問題がある。フォン・ダニエルズは三次ルールの曖昧さを認め、その「ヤヌス的両面性」を論じている。三次ルールは、ある法システムにおいて、他の法システムの法が（例えば、国際私法の規定などを通じて）自らの内に取り込まれるような場合には内的視点を構成する要素となる。その一方で、他のシステムとの関係を決める自らのシステムに属する三次ルールは、例えば相互承認などの場合には、自らのシステムの中だけでそのルールの実現を図ることはできず、他のシステムのリアクションについては外的視点しかとることができない。三次ルールは、他システムの扱いと、他システムによる自らのシステムの扱いの両者にかかわり、その理論的位置づけに不明確な部分が残るのである（Michaels 2017 p. 103）。

　ミヘールズは、この難問の構造を、ハートの二次ルールである承認のルールの再検討によって明らかにしようとする。

　ハートにおいて、承認のルールは、「法システムにおける公的機関が法とし

て承認するものが法である」（Hart 2012, pp. 116-117）ことを意味する。ハートには法の複数性という課題は認識されていなかったが、それでも、慣習と法の関係について、慣習は社会的事実として認識され、その内容を反映した法が作られたときか、法によって授権されたときに法となると論じている。ミヘールズは、ここで重要なことは、このような法による慣習の承認は、吸収や同一化とは異なっているということである。そして、このような法秩序による他の秩序の承認を、「外的承認」として、法の内部における公的機関と法との関係をあらわす「内的承認」とは区別できると論じる[15]。

　しかし、この「外的承認」の考え方には、ジョン・グリフィスをはじめとする法多元主義の論者からの強い批判が存在している。このような外的承認の思考法は、非国家法が国家法によって何らかの形で承認されたときにのみ法となるという論理につながり、これは隠れた国家法中心主義であり、「弱い意味での法多元主義」であり、本来の法多元主義ではない。本来の法多元主義、すなわち「強い意味での法多元主義」は、非国家法は、国家法を含め、他の法システムの承認とは独立に、自らを法として確立すると考えるとされる（Cotterrell 2017, pp. 92, 99.「弱い意味での法多元主義」と「強い意味での法多元主義」については、本書44頁参照）。

　確かに、他のシステムにより外的承認を受けなくても、法は自らの内的承認により法であり得る。例えば、ハートの例を借りれば、仮にイギリスが（ハートが議論していた当時に存在し、西側諸国と対立関係にあった）ソヴィエトの法を無効と宣言しても、ソヴィエトにおいてソヴィエトの法は成立していると、ソヴィエト法システムの内的視点からはいわざるを得ないであろう。しかしまた、他の法に対する外的承認のルールは、自法によって定められていることも事実である。例えば、EU法が独立に存在しているとしても、それがイギリスにおける法であるのは、イギリス法によってEU法が外的に承認されている場合だけである。また、イギリス法は他からのいかなる承認にもよらず法として確立しているが、それがEUにとって法であるのは、EU法によってそのように承

---

15 ｜ *Ibid.,* pp. 97-98. 承認のルールには、法体系内部でその法体系の所属資格を与える対内的な作用と、他の法体系との境界を確定し、場合によっては他の法体系において妥当している法を非正規の構成要素として取り込むという対外的作用の二つがあるとする近藤 2013、41-42頁も参照。

認される場合だけである。ここでは法の内的承認とその外的承認の間に亀裂が生じる。慣習法は法であり、法ではない。EU 法は法であり、法ではない。

　問題は、このように異なった法システムが相互に重複し、抵触する場合に生じる。外的承認のルールが、内的承認のルールと区別され、自己の内的承認のルールと、他システムの外的承認のルールが食い違う場合に問題が生じる。EU 法とイギリス法の併存状況において、承認のルールを、自らの内部の立法・司法・法執行に対する承認のルールと、他の法システムに対する承認のルールを分けて論じたマコーミックは、当初抵触問題は相互調整可能であると考えたが、抵触問題の深刻化に伴い、相互承認の国際法化を主張し、国際法の下での多元主義を謳うに至った（MacCormik 1999, pp. 113-121）。ここでも、「強い意味での法多元主義」からの批判が避けられないであろう。今度は国家法の代わりに、国際法を上位とする一元的ヒエラルキーの下に多元性が組み込まれることになるからである（Michaels 2017, pp. 101-103）。

　このように、袋小路に至ったかと思われる、承認のルールにおける内的承認と外的承認のギャップの問題に対して、ミヘールズは、国際公法における国家の承認の理論を参照することで、解決の道を探ろうとする。

　国家の承認に関しては、従来から、領土、国民、政府、外交能力などの実質的な条件を備えていれば国家は設立され、他国による承認は以後の関係構築のための単なる宣言的な意味を持つに過ぎないとする宣言説と、他国からの承認は国家であることの構成要素であるとする構成説に分かれている。他国からの承認が国家であることの構成要素であるとすれば、自国を承認する他国に対しては国家でありながら、そうではない他国に対しては国家ではないという跛行的な国家関係が生じ、また、元宗主国が元植民地の独立を認めないといった既存の国家の利益に偏向する結果が生じることから、宣言説が好まれているとされる。しかし、宣言説には問題があるとミヘールズはいう。第一に、他国からの承認は、国家がその実質を備えているかについての証拠となること、第二に他国からの承認がない限り、現在の国際社会で実際に国家として行動し、国家としての権利を行使することは不可能なことである（Ibid., p. 105）。

　このような国家承認に関する二つの理論を法多元主義の文脈に置き換えるならば、宣言説は、法とは何かをまず決定し、その後に、他の法あるいは法シス

テムとの関係を考察するという従来の思考過程を裏書きする。これに対して、他のシステムによる承認が法の構成要素であるとすれば、構成説と同様に、法は他の法との関係において存在すると考えることになる。ミヘールズは、現在の国際環境において、国家が他国の承認なしには実効的に国家として行動できないのと同様、法多元主義においても、併存する法環境の中で、ある法システムが実効的に法として作動するためには、他の法システムからの承認が必要であると考える。そして、①法であるための実質的基準（内的承認）は、他からの承認（外的承認）と必ずしも独立ではないこと、②承認は必ずしも服従にはつながらず、承認された後の独立した自律的作用は妨げられないこと、③構成説における国家の承認と同様、法の承認は相対的であることを論じる（Ibid., pp. 106-107）。また、②に関連して、④承認は服従ではなく相互的であり得、例えば歴史上、宗教法が国家法の管轄を一定範囲で認めてきた場合に典型的にみられるように、国家法だけではなく非国家法も外的承認のルールを持ち、現代の非国家法にもこのような外的承認のルールを発展させる可能性があることを指摘している（Ibid., p. 114）。このように、承認が服従や同一化とは区別されること、国家法と非国家法が相互に承認しあう関係を発展させ得ることは、法多元主義における承認論の導入が、「弱い意味での法多元主義」と「隠された国家法中心主義」につながるとする批判を和らげることができるとミヘールズは論じる。

　ミヘールズの外的承認の理論における三次ルールの説明をもう一度確認しておこう。三次ルールは、各法システムに備わる二次ルールである承認のルールが、「内的承認のルール」と「外的承認のルール」に分けられ、法の併存と抵触を含めたその相互連関という今日的状況の中で、「外的承認のルール」が二次ルールとは異なった新たなルール群として認識されるようになった結果生じたものである[16]。したがって、三次ルールは、各法システムに付属したものである。システム A がシステム B を承認するルール、システム B がシステム A を承認するルールの二つが存在しており、これらは一致するとは限らない。で

16　この三次ルールの必要性は、inter-related な法的システムの状況に条件づけられたものであって、もし法システムが互いに孤立した世界なら不必要かもしれない、といわれる。Ibid., p. 113.

きることは、こちらが相手を認めると相手にもこちらを認めるインセンティブが生じることを期待することだけである。また、その結果、ある法が他の法との関係では法であったり、なかったりすることを避けることができない（*Ibid.*, pp. 110-112）。

V 考 察

　以上、仲裁における非国家法の「法性」について、一次ルールや二次ルール、承認のルールに基づいた理論的検討の枠組みを示したトイプナーの序論からはじまり、法多元主義におけるこれらの分析法理学的枠組みの再構成の在り方を考察してきた。フォン・ダニエルズ、コットレル、ミヘールズはそれぞれの立場から、ハートの法理論の枠組みを踏まえて、その法多元主義的な展開を試みていた。最後に若干の整理と考察を加えたい。

　一次ルールについては、フォン・ダニエルズによるその重要性の指摘は意義のあるものと思われる。二次ルールによる制度化は、法集団における内的視点が、集団の個々人から一部の公務員（officials）の下に移行することを促進することによって、法を人々から遠ざける契機を有する。法を形成し維持する役割を、国家やその政府に独占させるのではなく、非国家的アクターや問題を共有する多様な私的集団が担おうとすることを是認する法多元主義にとっては、我々が自身の手元で形成し、理解する一次ルールの次元を重視する観点は必要である。しかしながら、コットレルの指摘するように、我々が問題解決の現場で採用する行動の指針は、ルールだけではなく、原理やガイドラインやスタンダードやソフトローなど多様であることも事実である。そして、そのように多様な手段があることが、評価の定まっていない行動に対して、また有効性の確定していない方法論の採用に対して試行錯誤の機会を与え、漸進的な問題解決能力の向上に資すると考えれば、一次ルールの段階で、法を確定してしまおうとするフォン・ダニエルズの理論構成は得策ではないように思われる。

　二次ルールについては、コットレルがその重要性を強調していた。このことは、特定の機能的分野において規制課題を認識し、何らかの規制手段の必要性を認識する「コミュニティ」をコットレルが強調することともかかわっている

ように思われる。このような観点は、従来非国家法の典型として考えられてきた慣習法とは異なり、意図的な、目的を持った規制に焦点を当てることになるであろう。このような機能分野別の「コミュニティ」においては、彼のいうドクトリンを考案する積極的な意思の存在を認めやすく、それが意思を具体化するために必要な制度化へとつながると思われる。コットレルが各分野における専門家の存在の重要性をとなえることも、「コミュニティ」における意思主体の明確化とその意思実現のための制度化に資すると考えられる。

　しかし、専門家の役割を過度に協調し過ぎると、フォン・ダニエルズが二次ルールの厳格化に対して懸念を抱いたように、「コミュニティ」を形成する人々と、その一部である専門家の内的視点に大きな乖離が生じることにもなりかねない。非国家法における、人々の活動の自主性に基礎づけられた自治的要素と、専門家のリーダーシップによる活動の合理性や実効性の要素のバランスが図られなければならない。

　三次ルールについては、フォン・ダニエルズの理論においては連繋ルールとして、コットレルの理論においては法の「相関的な権威論」の構築として、論じられた。従来のアド・ホックで例外的な位置づけから脱した、より一般的で可視化されたものとして、異なった並列的法システム間の関係を整序する方法論の確立が必要であることが主張されたのである。この主張は、法を何らかのヒエラルキカルな頂点を有する一元的秩序と考える、国家法中心主義的な法実証主義に対するアンチ・テーゼではある。しかし、問題提起としてのアンチ・テーゼを超えて、どこまでその必然性が理論的に論じられているかについては、疑問があった。具体的には、このような三次ルールと、法の重要な要素であることが多くの論者によって認められている一次ルール（あるいはドクトリン）・二次ルールとの関係性が不明のままの説明に終わっていた。ミヘールズの指摘するように、三次ルールは、一次ルールと二次ルールによって法を同定した上で、それらの既存の法の間の関係性を考察するためのルールであるというように、三次ルールとその他のルールは切り離されて考えられるようにもみえた。しかし、ミヘールズは、このような考察の道筋には反対する。彼は、今日の多元的状況の中では、ある法は、他の法との相関関係の中でのみ機能を果たすことができると考え、三次ルールと他のルールを切り離して考えるのではなく、

その内在的な関係性を説明しなければならないとする。そして、二次ルールから導出された外的承認のルールを、新たに三次ルールであるとして捉え直すことを提唱する。

　ここで、本章の序論であるⅠ「はじめに」において、一次ルールと二次ルールの概念を用いる従来の分析法理学と、法多元主義論における問いとの接続可能性を示唆したトイプナーの理論に立ち戻ってみよう。トイプナーは異なったシステム間を、各システムの自律性を保ちつつも関連づける仕組みとしての「構造的カップリング」に言及していた。仲裁の事例では、この「構造的カップリング」は、第三者による中立的判断という裁判＝裁定の制度化にその具体化が見出された。そして、この裁判という仕組みは、ハート的枠組みでいえば、法の二次ルールとしての制度化の有効な手法の一つであるが、法多元主義の観点からみれば、他のシステムとの間をつなぐ三次ルール的装置でもある。法多元主義においては、三次ルールが、二次ルールや一次ルールと協働するものとして、あるいは、重複してあらわれることがある。また、法の中のある要素が、二次ルールともみえ三次ルールともみえる、または一次ルールが二次ルールとも三次ルールともみえる局面を持つというような、複合的な視点が必要ではないだろうか。このことは、二次ルールに潜在する外的承認のルールが、三次ルールとして独自の発展を遂げる可能性を認めることにつながる。

　それでは、二次ルールの潜在的な理論的可能性を顕在化させた三次ルールはどのようなものであろうか。ミヘールズの分析によれば、この三次ルールは、あくまで各法システムに帰属するルールで、したがって相互の矛盾や抵触が避けられず、その結果として、法は他の法システムとの関係で法であったりなかったりする。このことは本章の文脈において、二つの意味を有していると思われる。第一に、三次ルールが、非国家法の重要性が増すグローバル化の下での多元的法状況において、各法システムに備わった二次ルールにおける承認のルールに潜在していた外的承認のルールが顕在化したものとして説明されることによって、従来の法実証主義の理論、具体的にはハートの分析法理学と現在の法多元主義の理論との連続性が示されたことである。

　第二に、この三次ルールが、個々の法システムを超越した、システム間関係をつかさどる国際法やその他の普遍的上位法ではないことは、この理論が法多

元主義であるために必須であると考える。なぜなら、もし異なった法システム間の関係が、各法システムの上位にある何らかの法によって決定されるとすれば、法多元主義の前提とする法の水平的併存が、ヒエラルキーを持つ垂直的秩序の中に解消されてしまうからである。筆者は、このような普遍的な統一的三次ルールの形成が理想として追求される理論的可能性までを否定するものではない。しかし、少なくともそれは法多元主義ではあり得ない。あるいは、承認のルールが相互的でなく、特定の上位法によって選択された下位法が承認されるという特権的なものとして想定される「弱い意味での法多元主義」にとどまることになるであろう。

　ところで、Ⅲにおけるフォン・ダニエルズとコットレルとの論争で残された問いは、法と法でないものとの境界が理論的に同定できるものか、そうではなく暫定的な法理論のモデルに、その時々の社会学的観察を付け加えることしかできないのかということであった。本章における以上の議論の流れを振り返ると、一次ルールの段階で法を同定してしまうことは、法理論の視野を広げ、多様な法的現象を観察するためには得策ではない。また、二次ルールは法に特有のものではないことはフォン・ダニエルズとコットレルに共通する結論であった。これに加え、ミヘールズは、外的承認のルールによって法が他の法システムとの関係で、あるときには法であり、またあるときには法でないという事象が生じることを認めている。してみると、コットレルのいうように、法というものは「これは法であってこれは法ではない」と同定できるようなものではなく、「多かれ少なかれ」法的である、見方によっては法である、法であるかどうかは程度問題である、という実践的概念であるといわざるを得ないというのが、現時点での筆者の考えである。

　また、以上のような分析法理学の伝統に掉さす形での法多元主義論の展開は、法実証主義がそもそも法理論の記述的側面に重点を置き、その規範的な側面や価値論に対しては距離を置いていた傾向を引き継いでいることを意味する。コットレルをはじめ、トワイニングやタマナハなどの法多元主義論者が、法の社会学的観察を重視し、普遍的価値論を展開しようとする哲学的探究から距離を置こうとする姿勢を示していることは、このことを顕著にあらわしている。本章で考察したフォン・ダニエルズは、一次ルールの段階での法の同定を試みる

際に、正義の観念を取り込もうとしたが、これはコットレルにより「神秘的すぎる」として批判されたことはすでにみたとおりである。確かに、本章での議論も、承認のルールや承認のルールに含まれる正統性や権威の内実の解明には関心を寄せていた。しかし、その議論は、当事者の合意や専門知の合理性などの、いずれかといえば形式的な手続的なものであった。法多元主義と従来の分析法理学の理論を接合する際に、残される課題は、法多元主義論に適合的な規範論や価値論（それは従来の一元的な価値論に比べ、多様性を有していると想像される）を、そのようなものがあるか否かも含めて、改めて考察することであろう（Roughan & Halpin 2017, p. 341）。

|第3章| 福祉国家の変容と
法多元主義の試論

I　はじめに ── 問題の設定

　グローバリゼーションは国家を消滅させることはないにしても、国家の在り方に変化をもたらしていることは明白である。特に、第二次世界大戦後に、先進諸国で多かれ少なかれ共通に展開した国家の在り方である福祉国家に対しては、その影響を否定することはできない。グローバリゼーションが福祉国家にどのような影響をもたらすかに関する予想としては、ヒト・モノ・カネの国境を越えた移動が各国による従来のマクロ経済政策の維持を不可能とし、賃金・労働条件をめぐるグローバルな「底辺への競争」が起き、福祉国家の存続を不可能にするという「底辺への競争」説と、これに対して、経済活動のグローバル化によって新興国においても産業化が進み、かつて先進国がたどった経済成長と民主化、それに後続する福祉国家化への道をこれらの国もたどることになるという「頂点への競争」説が存在している（下平 2013、34-35 頁）。しかし、「頂点への競争」説は、新興国において妥当すると論じられているものである。したがって、仮にこの説が当を得たものであったとしても、「頂点への競争」の果実が先進国でも得られるようになるのは、遠い将来のこととなる。先進国では、少なくとも短期的には、労働力が安価な地域や規制が緩い地域を狙って企業のモノとカネが海外流出し、脱工業化する。そして、「頂点への競争」の波に、新興国が先進国並みに経済成長するまで洗われ終わった後に、何らかの形の安定的な繁栄が再び戻って来るまで、既存の福祉国家のレベルは著しく引き下げられる結果がもたらされる。また、現在のグローバル化が自由貿易体制の拡大を標榜しており、先進国がかつて自国経済の育成期・成長期に行った保護貿易を新興国には許さないものであることを勘案すれば、新興国の速やかな

経済発展は「頂点への競争」説のいうようには進まないことが懸念される。また、アジア、アフリカ、中東諸国など世界の新興国において、福祉国家の政治的前提とされる民主化が可能であるのか否かは、独裁とテロリズムの入り組んだ状況や、歴史的文化的要因からみて全く不透明でもある。したがって、「頂点への競争」説の説得力はあまり強いとは思えない。むしろ、グローバリゼーションのもたらす既存の福祉国家への影響は、概して「底辺への競争」説の描く、福祉の縮減と、競争のもたらす格差社会の到来に近いものとなる可能性がある。すなわち、先進国の企業が、生産の拠点を安価な労働力を求めて海外に移動させるのに伴い、税収と雇用が減少し、加えて、移動性が低く賃金の不安定なサービス業が増加する先進国では、福祉の必要な人々が増加するにもかかわらず、それを供給する制度は縮減していくのである（安 2013、61-62 頁）。

　日本においても、福祉国家の見直しが進められてきた。医療保険の自己負担率は徐々に増加しており、年金給付額の引き下げや給付年齢の引き上げがなされ、先進国の中でもともと捕捉率が著しく低いとされてきた生活保護についても、様々な方法での削減が試みられている。社会保障制度は高度経済成長の終焉と税収自然増の消滅した 1970 年代からすでに財政問題を生じさせていたが、1980 年代以降のグローバル化、また少子高齢化、家族構成の変化はこれに拍車をかけ、福祉の需要は高まるのにその供給源は減少するという状況悪化の道をたどっている。政治は、1980 年代の新自由主義的政策の傾向を受け継いだ小泉政権以来、規制緩和・経済自由化の路線を打ち出し、2012 年以降継続する安倍政権も成長に重点を置き、福祉による財政問題の足かせを軽減しようと試みている。

　このように、福祉の供給は切実に必要とされていながら、維持することが難しくなっている。高齢者、派遣労働者、若年長期失業者、障がい者、母子家庭、大規模災害の被災者など多くの人々の生活が、貧困にさらされ、希望の持てない状況が生み出されている（坂本 2009、1-4 頁）。

　憲法における「生存権」の明記とともに、戦後国民の生活を守る福祉の提供は、国家の果たすべき役割と認識されるようになり、福祉は私的な領域との対比において公共的な領域に属する問題の代表例とされた（菊池 2010、304-305 頁）。このように、国家によって行われることが重視される福祉の領域において、本

書のテーマである、非国家法に注目する法多元主義は一見、無関係なものにみえるかもしれない。しかし、あえて、福祉国家の将来について、法多元主義的な観点からどのような考察が可能かを問うてみたい三つの理由がある。

第一に、本書でもこれまで示したように、近年の法多元主義への関心の高まりは、グローバル化を一つの大きな要因としている。法多元主義はグローバル化における法の在り方の変容を描き出す試みとして論じられている。同様に、福祉国家の変容あるいは衰退といわれる現象も、グローバル化を大きな要因としている。福祉が人々の生活に必要であり、福祉国家の衰退が人々に困難をもたらすものであるならば、グローバル化の時代の法理論としての法多元主義にとっては、この問題は対応が迫られる問題、あるいは対応できないとしたら、その理由を説明することが必要な問題であることになる[1]。

第二に、福祉国家は、国家とはいわれながらも、その実態は国家の行政に限定されず、様々な社会的・私的な制度を当然の前提として作られ、維持されてきた。もともと社会保障は、戦前までは民間の社会事業を基本とし（菊池 2010、305 頁）、戦後も、企業内福利と家族という、人々の生活を保障する社会的制度を前提に、そこからこぼれ落ちる人々に対する公的扶助として、国家の福祉は存在していた。また、公的扶助と並ぶ社会保険も、国と民間の協働による制度であった。国家の最終的監督が想定されていたとしても、実態は、終身雇用・年功序列などの企業内慣行や、家庭における女性の家事労働など、非国家的な人々の行動の慣習や規範によって支えられ、非国家的アクターとの協働により福祉国家は運営されていた。さらに近年、福祉国家の理念の変容において、福祉の民営化が提唱されている（菊池 2010、312-313 頁）。福祉国家における私的組織や制度の役割は大きく、法多元主義は、このような私的組織の構成や行動のルールを自覚化し、これらにふさわしい役割を与えること、国家との協働をどのように図るかを考察することとよくなじむ問題意識を備えた立場である[2]。

1　このような問題意識に支えられた筆者自身のこれまでの研究としては、浅野 2011、58-66 頁がある。
2　坂本 2009、210-231 頁では、元来福祉サービスの提供は、公的部門とともに民間部門、さらに地域社会や家族を通じて行われており、現代の福祉国家の危機への対処は、福祉主体の多元化を念頭に置いてなされるべきであるとして、NPO やヨーロッパの社会的企業の在り方を検討している。ここでは、官が担うものと考えられてきた旧い公や公共の考え方に対して、私的利害を住民が主体的に調整するという、新たな公共の考え方が生じていることが紹介されている。

第三に、このように福祉が社会に「埋め込まれた」（*Cf.*, Calliess & Zumbansen 2010, p. 13）ものであることから明らかであるが、グローバル化における福祉国家の変容は、既述のように、主に経済的な要因と、それに対応する政治的な決定や要因の生み出す結果として語ることができ、必ずしも法や規範の観点からだけでは語ることができない、という点がある。

　法多元主義においては、法が社会に「埋め込まれた」ものであるという視点が強調され、従来の法理論で追求されてきたような法と政治、法と経済、また国家法と（法とはみなされないできた）社会的規範との間の区別が相対化されて論じられる傾向がある。本書の立場もそのような傾向に掉さすものである。しかし、法理論であるかぎり、法とその他のものの区別の相対化、国家法の相対化を指摘するのみでは、不十分である。区別が自明ではないこと、相対的なものであることを前提に、改めて、法と経済と政治の関係を問い直す必要がある。

　福祉国家や社会保障制度は、法や法の理念によっても支えられているはずであるが、グローバル化する経済とそれに対応する政治の現実を前に、これらの法はどのような力を有しているのであろうか。福祉国家の衰退といわれる現象に対して、法は「雇用の不安定化や少子高齢化が進む中で福祉は必要とはされているが、財源がないのでしかたがない。労働市場のグローバル化も避けることはできない」という事実を単に追認するような「自己責任論」や「労働規制の緩和」を論じるだけなのであろうか。あるいは法には、やはり何らかの独自の力が存在しているのだろうか。本章では、このような経済と政治と法の関係を、グローバル化における福祉国家の文脈に引き直して、みてみたい[3]。（グローバル化として）先行する経済とそれへの対応としての政治が法に反映される度合いが強い福祉の問題領域において、これら三者の相関関係を考察することは、法多元主義の観点からみても興味深いはずである[4]。

---

[3]　藤谷 2015、221 頁は、経済社会のグローバル化が実定法制度としての国内社会保障法にもたらす影響は、国内の政治的決定が媒介項として存在するため、法の非国家法化を一つの典型とする「法のグローバル化」の問題とは区別されて論じられるべきであると指摘する。しかし、それと同時にこのような福祉国家の財政的基盤の問題を無視することは法学のレレヴァンスの低下につながることも指摘されている。

[4]　以上の問題意識は、Zumbansen 2008, p. 349 以下の問題意識と重なり合うものである。ツンバンセンは、近代市民国家から福祉国家の衰退への移行、グローバル化による福祉国家の変容を、国際的な政治と経済と社会の動きの中で考察し、そこにおける法の在り方の複雑な歴史的変化を考察する。

以下の論述は、Ⅱにおいて、グローバル化以前の福祉国家一般の発展とグローバル化以降のその変容について、政治経済理論の観点からなされている議論を参照し、そこにおける法の位置づけを問い直す。Ⅲにおいて、より特殊的に日本の福祉国家における政治経済の議論と、そこでの法の位置づけを考察する。最後にⅣにおいて、難問ではあるが、福祉国家のあり得べき方向性について、そこにおける法の役割を意識しつつ、考えてみたい。

Ⅱ　福祉国家の発展における経済・政治・法

1　経済と政治

　福祉国家の前史としての近代主権国家の成立については、経済が政治に先行したとされる。近代主権国家は、経済においては資本主義、政治においては民主主義の生成と発展を内実とするが、それにはまず、ブルジョア階級の経済的自立が先行し、後にこのブルジョア階級が政治的主体としても台頭する民主主義が登場したからであるとされる (Schmitter with Todor 2012, p. 17)。民主主義は多かれ少なかれ資本主義を伴うが、逆は必ずしもそうではなく、独裁国家でも資本主義を採用することができるという事実からも、資本主義としての経済が民主主義としての政治に先行することは推察されるという (Ibid.)。

　資本主義の発展によりブルジョア階級の拡大とともに、資本を「持つ」ブルジョア階級と「持たざる」労働者階級との分裂が生じる。このとき、資本主義の発展と民主主義の発展の関係は複雑になる。マルクスに従えば、労働者にも政治的決定の力が付与されるべき民主主義の拡大は、資本家の階級利益を保護する資本主義の維持とは両立不可能となる (Callaghan & Ido 2012, p. 3)。また、資本主義の初期を過ぎた発展段階においては、それまで国内で民間の力によって徐々に発展してきた経済力が、国際的競争にさらされ頭打ちになる。この状況を打破し、植民地や資源の獲得のために、国家的戦略が必要とされ、ときには軍国主義の方向へ向かう誘因も発生し、資本主義と民主主義の不協和音はここでも響きを増す。

　しかしながら、経済力の社会的平等配分と政治力の社会的平等配分という、資本主義と民主主義の基本的発想の共通性と相互依存性は、歴史的にかえりみ

れば、世界の先進国を何らかの形の福祉国家に収斂させてきたという評価することも十分に可能である。ここでは、福祉国家への道を選択することによって、抑圧的な政治体制という、より高い費用を支払わずに市場経済を維持し、民主主義が資本主義を支える関係、あるいは両立が再び可能となった、とされる（*Ibid.*）。

　経済発展を遂げた先進国における、このような福祉国家への収斂の傾向は、工業化によって出現する豊かな社会は、労働分配率を高め、労働者の所得の上昇とその教育への投資を促進し、階級闘争からの解放、民主化、所得分配の平等が実現するという「産業化理論」を前提とし、工業化がもたらす人口学的・官僚主義的要因が、政治体制にかかわらず、各国に福祉実現の努力を強いることとなるという、いわゆる「ウィレンスキー・モデル（Wilensky model）」にも示されている[5]。すなわち、産業化により一人当たりの GNP が高まった国では、出生率の低下のために高齢化が進行し、産業や政治における秩序の組織化・制度化に長けた国家の官僚組織が、社会保障制度の整備の要求に応えていく過程が生じ、発展拡大していくのである（下平 2013、23-28 頁）。

　このように、近代資本主義国家と福祉国家は、先行する経済発展に、政治がそれを反映するものとして、また民主主義の拡大として後続する在り方として展開してきたと理解される。

　では、福祉国家の現在はどうであるか。上述の産業化理論、福祉国家への収斂論は、各国が国単位で工業化を進めるという想定で論じられていた。しかし 1970 年代のオイル・ショック以降の経済成長の鈍化および脱工業化＝サービス業化と、1980 年代からのグローバル化による各国の熾烈な国際競争は、価格弾力性が高く低賃金になりやすいサービス業に従事する労働者の増大と、先進国の福祉や労働者保護のレベルの引き下げをもたらした。アングロ・サクソン諸国や日本で生じた、財政赤字を軽減して経済成長を維持するために、福祉を縮減し、規制緩和を進める新自由主義的政策は、これに対応する政治の動きであった。また、ヨーロッパでは 1980 年代の大量の失業の発生に対して、各

5　先進国の経済発展が半ば自動的に福祉国家を発展させるというウィレンスキー・モデルに対して、政治のイニシアティブを重視するのがエスピン・アンデルセンやコルピなどの新たな見方であった。宮本 2008、57 頁。

国の福祉政策が限界に至り、EU統合という形での解決の道を探ることとなった（下平2013、31-32頁）。ここでもまた、経済が先行して、新自由主義や領域統合という政治の方向性を定めている。

このように政治を先導した経済のグローバル化はそもそもどのようにして生じたのであろうか。現在の経済のグローバル化の前史は、第二次世界大戦後のブレトン・ウッズ体制の確立にあるとされる。ブレトン・ウッズ体制は、19世紀的な重商主義・保護貿易政策によるブロック経済の形成が、ファシズムの台頭と世界大戦を引き起こしたことへの反省から、戦勝国の間で1944年に定められたブレトン・ウッズ協定に基づくものであった。この協定は、保護主義やブロック経済を廃止し、大戦で疲弊・混乱した世界経済を安定化させるため、過度の関税や差別的関税を課けることを禁止する自由貿易（GATT）体制を基本とし、国際通貨基金（IMF）、国際復興開発銀行（IBRD）を設立することによって、通貨価値の安定、貿易振興、開発途上国の開発を通じた自由で多角的な世界貿易体制をつくるための国際協力の枠組みを定めたものである（Afilalo & Patterson 2009, pp. 125-126）。

このブレトン・ウッズ体制は、戦後の先進国における福祉国家の構想に適ったものであったと理解されている（*Ibid.*, p. 126）。共産主義圏への対抗を前提としつつ、従来の保護貿易に代えて、「比較優位」の原則に従い、各国それぞれが地理的・歴史的・文化的な得意分野における相対的特化を通じて生産した財を、自由に貿易することによって、高い労働生産性と高品質の財とサービスの消費が世界中で可能になると考えられた。海外に対する保護主義政策が禁じられること以外には、各国が自国内産業や自国内市場に対する主権的コントロールを失うことはないため、全ての自由貿易参加国において生じるとされたこのようなパイの増加は、各国内の国民の福祉に割り当てられることが可能である[6]。国際間の自由貿易と各国における福祉制度の運営は、ブレトン・ウッズ体制における主権国家の対外面と対内面として、コインの裏表の関係にあった（齋藤・宮本・近藤2011、iii-iv頁）。

しかし、GATTやその後身であるWTOが自由貿易という形で開いた国境

6　ブレトン・ウッズ＝GATT体制における自由貿易体制と福祉国家の両立の制度的枠組みとその変化については、宮本2011、121-122頁。

は、ブレトン・ウッズ体制を創設した当の主権国家の壁を切り崩していった[7]。「比較優位」の核心である流通の自由は、製造業者が安価な原材料を海外から購入すること、販売業者が自国内での販売のために安価な商品を海外から購入することを可能にする。輸入業者は供給元の株や資産に投資し、輸出業者は輸入業者の利益に関与しようとし、国際的企業結合や合同商社が繁栄する。ブレトン・ウッズ体制の当初に想定されていた、国内産業や国内市場によって形成された国家経済の前提が崩壊し、「比較優位」の生み出すパイの増加は各国家ではなく、国際的に展開する企業を利する結果となる（Afilalo & Patterson 2009, pp. 132-135）。もはや企業の活動を国内的に規制できない国家の財源は減少し、福祉国家に保護された高賃金の労働者は、安価な海外の労働者との競争に敗れて、失業の危機にさらされることとなる。自由貿易と福祉国家の「幸せな結婚」は、このようにして崩壊する。

　この結果、グローバル化の経済的恩恵を被る企業に連なる「勝者」と、そうではない「敗者」が、従来のように必ずしも南北格差の形ではなく、国家を横断して存在するに至る（Callaghan & Ido 2012, p. 4）。グローバルな富裕層、安定した中間層、（従来は安定していた）不安定な中間層、貧困層が国家横断的に存在している。そして、全ての階層の人々が競争の波に洗われている。

　こうしてみると、第二次世界大戦を、経済的な国益を守ろうとする政治的外交戦略の失敗の結果生じたものとするならば、第二次世界大戦後の資本主義＝民主主義陣営に属する各国における経済と政治の関係性は、「比較優位」という経済法則を政治的に有効に選択・利用できた福祉国家と国際秩序の時代からこの経済法則が政治的意図を超えてグローバルに展開し、福祉国家を解体していく「市場＝国家」・「ポスト福祉国家」の時代へと変わってしまったといえる（Afilalo & Patterson 2009, p. 135）。現在は、この経済的先行要因に対応する政治的決定のいかんが問われている[8]。

　以上のように、福祉国家の歴史的変遷を眺めてみると、次のようなことが指

---

7 ｜ 自由貿易のグローバルな展開を支えた1970年以降の経済的自由主義の思想の来歴と、それが福祉国家の衰退を促す結果に至ったことについては、Djelic 2006, pp. 53-73。

8 ｜ 宗教戦争以降生成し、第二次世界大戦後に普遍化した、主権国家間の共通規範としての「国際正義」が、グローバル企業などの「主権的ではない主体」の影響力が増したグローバル化時代には、道義的にも、問題解決の方法論としても不十分となっていることについて、押村2013、59-65頁。

摘できる。第一に、政治に対する経済の先行がみてとれる。資本主義の民主主義に対する先行、資本主義の拡大によって福祉国家の可能性・必要性が生じたこと、そして経済のグローバル化により現在その福祉国家の再編を迫られていること、である。第二に、他方で、政治的決定の自立性もある程度認めることができる。確かに経済発展が福祉国家の条件を整えたといえるが、拡張主義や共産主義化ではない福祉国家という選択には、政治的決定が必要であった。また、福祉国家といっても、アングロ・アメリカン型、ヨーロッパ型、北欧型などの多様性がみられることからも、各国の政治的決定が経済的要因によって一元的に導かれるものではないことが裏づけられる[9]。また、ブレトン・ウッズ体制の選択もブロック経済の失敗から学ぼうとした各国の外交的・政治的意図をあらわすものであった。たとえそれが数十年の後に予期せぬ結果をもたらしたとしても。第三に、各国の政治経済が国際状況の影響を受けて決定されていることは、1980年代以降の現在のグローバル化の以前から変わらない事実であったということである。国家とは、対外政策と対内政策の結合体である。福祉国家の成立と展開に加え、今後の行く末を考える際にも、国際的な、グローバルな観点からの考察が必須であることが理解される。

2 法

　前項では、福祉国家の生成と発展における経済と政治の関係を、比較福祉国家の理論などを参照しつつ整理したが、顕著な印象はここでの「法」の存在感の希薄さであろう。国際的・国内的経済状況に政治が追随したという形で福祉国家の成り立ちが説明され、いまや経済状況が変化したため福祉国家は縮減されようとしている。もし福祉国家が正義に適ったもの、法によって要請されるものであるとすれば、このような経済先行型の政治的決定としての福祉国家の変遷は、事実上の経緯は理解できるとしても法的に説明・正当化することは困難である。「必要は法を知らず」といわんばかりである。国際関係論において、リアリズムの立場を徹底すれば国際法を論じる余地がなくなり、法は単なる後

---

9 ｜ 政治理念を前提とし、国家、市場、家族の組み合わせ方を指標とした福祉国家の類型論としては、エスピン・アンデルセンの類型論がよく参照されており、次項「法」における政治経済体制の区分の指標もエスピン・アンデルセンの指標を前提としている。Esping-Andersen 1990、アンデルセン 2001。

づけのレトリックに過ぎなくなるとされるが（Oeter 2009, p. 62）、グローバル化経済の波に洗われる福祉国家においても、これと同様に法を論じる余地はないかのようにもみえる。

　福祉国家の存立における法の役割という、このいわば素朴な疑問について考える際に、もう一度前項の、福祉国家における経済と政治の関係についての理論に立ち戻ってみたい。

　経済のグローバル化に対応する政治の応答については、新自由主義の支配の下で福祉国家の縮減という方向の不可避性が唱えられる一方で（Schmitter with Todor 2012, p. 23）、各国による、例えばどのような政党が政権を握るか、新しい政党や政策が生まれるか、株主保護と労働者保護のいずれをどの程度優先させるかなどの点における多様性も指摘されているところである（Callaghan & Ido 2012, pp. 3-9）。つまり、経済的要因に誘導されてはいるとしても、それに対する政治的決定は決して一律ではないとも考えられるのである。それでは、このような政治の多様性はなぜ生じるのであろうか。

　各国における、経済との関係における政治、あるいは政治経済体制の多様性や相違を図る指標の候補としては、シュミッター＆トドルにより、以下の六つが挙げられている。①国家性：どの程度政府の介入が行われているか。②資源配分決定のルールの在りようの違い：経済は私的分配のルールにかかわり、政治は公的分配のルールにかかわるとされる。③領土的代表性：経済に比べ政治にはこの要素が強い。消費者、市民、生産者、統治者は一定の物理的領域を前提に自分たちの利益や期待を形成し、その利益や期待を代弁する制度を通じて実現を図ろうとするが、これらの制度が多様である。④機能的代表性：資本主義と民主主義の両者は二つの利益紛争を共通に内在させている。第一に労働者と企業の所有者、第二に市民と為政者との間の紛争である。これらの紛争を解決するために、対立する階級やセクターの利益を代弁する組織を通じて取引や規制を行う制度が多様である。⑤財の特殊性：各人における、結果に影響を与える異なった初期分配が、特定の目的にしか使えない財によって構成されている程度。財は財であっても、その利用可能性に限定のあるものは特殊的財とされる。例えば、市民権や消費者主権や標準語教育などは、多様な用途に用いることができる普遍的財であるとされるが、受けた教育や最初の職業や移動可能

性の無い不動産などは、民族教育（のみ）や職業身分制や売買禁止の土地などの形によって、選択肢を狭める特殊的財となり得る。人々に配分される財が、このような特殊的財であればあるほど、グローバル化などの変化には対応しにくくなる。そして、人々の持つ財がどれくらい特殊的であるかには政治的文化的要因が大きくかかわっている。⑥性差別の程度：女性は経済的にも政治的にも、差別的な取り扱いを受けやすく、不利な初期分配や文化的状況に置かれやすいが、このような差別がどの程度解消しているか。福祉政策の文脈でみれば、家族とそこにおける女性の位置づけが、実際の福祉制度の構想に大きな影響を与えていることは明らかであり、このような女性の社会的地位が経済的要因には還元されない独自の政治的文化的要因であることが指摘される。

　これらの指標が、各国における経済と政治の関係性の相違、政治経済状況の相違を明らかにするとされる（Schmitter with Todor 2012, pp. 23-25）。

　経済的要因により一元的に決定されるのではなく、相違を生み出すとされるこれらの政治的・文化的要素の中に、法の存在する余地を見出すことができないだろうか。

　①　国家性については、経済に対する政府の介入は法的な制度化や根拠に基づきなされるものであり、この要素はグローバル化において減少傾向にあるとはいえ、全く影響力がないわけではなく、引き続き各国にはこの点における法的選択の余地が存在するといえるであろう。しかし、このような国家法の介入がその実効性をあげるためには、自国以外の他国、企業、国際機関、私人などの多様なアクターのリアクションを視野に入れて制度設計をする必要が、従来よりも増していることが指摘されなければならない。

　②　資源配分決定のルールの在りようについては、ここで示唆されている私的分配のルールを生み出す場としての経済と、公的分配のルールを生み出す場としての政治の区別は、法の文脈に置き換えれば、議論の出発点としての私法と公法の区別に重なると思われる。経済も政治も安定性を必要とし、そのためにはカネや暴力によるむき出しの争奪戦ではなく、ルール化・制度化が要請されるからである。ここに法的なものの介在の余地がある。

　しかし、シュミッター＆トドルの指標において示唆される私法と公法の介在に加えて、インターネット・コミュニケーションや環境保護や技術開発などの

特定の問題関心に対応するための分業的社会集団活動における非国家法の生成に注目する法多元主義の視点からは（第1章Ⅲ3「法の機能」27頁以下参照）、この二分類に当てはまらない資源配分のルールの存在も指摘されなければならない。現状における経済のルール決定力の強さは、私法の拡張を意味する一方で、経済優位のルール形成に対する社会的反発は、このような経済的私法の単純な拡張を許さない。前項で、グローバルな富裕層、安定した中間層、（従来は安定していた）不安定な中間層、貧困層が国家横断的に存在するに至っている状況を指摘したが、これらの多様な階層から生じてくる社会的・政治的要求が存在する。安定した通貨、雇用政策、悪化する環境問題への対処、社会福祉の要求などが、必ずしも従来の国家民主主義的な代表の形をとらずに表出する。国内や国際的な非政府組織（NGO）の活動は、アクターとしては私的でありつつ、主張としては従来国家の役割とされてきた公共的なものも含みつつ展開される。非国家的という意味では私法的でありながら、公法的な、公共目的の追求の要素も含むルール形成の道筋も生まれつつある。

　③　領土的代表性については、消費者、市民、生産者、統治者は一定の物理的領域を前提に自分たちの利益や期待を形成し、その利益や期待を代弁する制度を通じて実現を図ろうと試みる。この場合も優先的利益の決定方法、代表者の決定手続としての法が手段となる。

　④　機能的代表性については、労働者と企業、市民と為政者、その他異なった階層やセクター間での紛争解決制度と利益代弁制度が必要となるが、これらの整備も③と同様に法の守備範囲であろう。

　⑤　財の特殊性がもたらす弊害としては、その財を用いてできることの選択肢が狭いこと、そのため生活を変える自由がないこと、したがって状況の変化への対応ができないことがある。また、そのような特殊的財には一定の政治的文化的価値観が反映されているため（例えば、分相応というような身分制的価値観であるなど）、個人の自律的な人生の選択を抑圧している場合もあると考えられる。このような弊害を緩和するためには、まず、特殊的財であっても生かせるような、その特殊的財を評価する社会への継続的所属を個人に保障することが考えられる。しかし、このような特殊的財が、既存の社会的価値観を個人に押し付け、個人の人生の自律的選択を抑圧するものであるかもしれないという

弊害に加え、グローバル化の中で急速な変化にさらされる社会を、元のままに維持することは現実的には難しい[10]。

　そうであれば、特殊的財に支えられた既存の社会を維持することよりも、普遍的な利用が可能で生活に基本的な財を増大させ、個人にとって活用の幅が広い教育や職業選択の実質的自由を保障する必要があるが、これらの保障は経済だけではなく政治によって整えられなくてはならないであろう。そして、このような基本的な財を確実に保障するために、権利や平等という法的概念の有用性が歴史的に実証されていると考えられる。社会生活を可能とする基本的財を人々に権利として分配し、しかもその権利が特定の人々だけではなく、平等に配分されることが法の役割であるとされてきた。そうであるとすれば、特殊的財の問題は、法的には、権利の内実をいかに考えるか、その平等な分配の方法はどのようなものかという問いとして、捉え直されることになるであろう。

　⑥　性差別の程度については、経済的に豊かであるか否かとは別に、各国において差異があり、これには政治的文化的な差異が働いているとされる。しかし、女性は、経済的にだけではなく、政治的にも差別的な取り扱いを受けやすい対象であり続けてきた、ともされる。労働者などと比べて、女性の政治的団結力は弱い。

　それでは、性差別を解消に向かわせる明確な経済的・政治的誘因は存在しないにもかかわらず、どのようにしてこのような差別の解消が、部分的にでもあれ進むのであろうか。ここでは⑤での、特殊的財や普遍的財の供給と分配の議論を参照することができると思われる。

　女性は、歴史的には、家族制度の中での、男性を通じた間接的な財の分配が想定され、独立の財の分配対象ではなかった。また、財が分配される場合でも、性別役割分業を前提にした女子教育のような特殊的財であることが多かった。現代でも、職業選択の自由が実質的に保障されていない場合も多く、女性や特にシングル・マザーの貧困の問題は切実である（金子 2017、43-45 頁）。

　女性の社会的地位の在り方と、男性との間の平等を考えることは、⑤におけ

10　社会が、全ての人に、「意味のある」仕事の機会を、政策を通じて創出するという構想は、グローバル化した産業構造のもとでは現実的でなくなっている、そのような機会は、すでに希少性を帯びた財となっていると指摘するのは、齋藤 2011、17 頁。

る、「権利の内実をいかに考えるか、その平等な配分の方法はどのようなものか」という、法理念としての権利論と平等論が、女性差別問題やジェンダー論においてはどのような形で適用されるかという問題である。仮に女性問題においては、政治的な変化誘因が他の問題領域よりも弱いとしても、あるいは弱いものであれば尚更、権利や平等という法理念が、この領域で果たすべき役割は大きいことになる。理念には反事実的なことを論じることができる規範的力があり、普遍化する力があるからである。権利や平等という理念は、資本主義と民主主義の推進と拡大に寄与してきた。女性の権利や男性との平等の問題においても、このような理念の現状変更の力、理念の普遍化の促進として法が働くことが期待され、これは経済や政治に還元されない法の独自の役割と考えられる[11]。

　以上により、経済と政治との関係からみた法の役割としては、①国家による経済介入の制度化、②資源配分の多元的ルール化・制度化、③国家的な利益代表の制度化、④必ずしも国家的なものに限らない紛争解決と利益代表の制度化、⑤基本財への権利、⑥男女平等の実現を導き出すことができる。これらをさらに大きくまとめて、ⓐ国家法によるものだけではなく、民間組織や消費者などの声に応じた企業の自主規制などの非国家法的手段を活用した経済的圧力の緩和・資源配分などの制度化（①②）と、ⓑ多様化する利益代表と紛争解決の制度化（③④）と、ⓒ権利や平等という法理念の活用（⑤⑥）の三つに整理してみたい。もちろんこれらは別々のものではなく、ⓐの経済的圧力への防波堤としての法の役割が、ⓒに含まれる労働者の権利などの法理念を持ち出すことによって果たされる場合のように、重なり合うものである。

　これら政治経済との関係からみた法の役割は、戦前であっても、福祉国家の時代であっても、また現在にも共通すると考えられるが、グローバル化においてはⓐⓑのような経済介入の制度化や利益代表や紛争解決の制度化が必ずしも国家法を通じてのみなされるのではなく、国際金融の制度化や業界内の自主規制やNGOなどの民間団体の組織・行動規範や契約などの非国家「法」的な方

11　実際、性差別の解消の程度は、政治と経済の関連性をあらわす指標としてはあまり有効ではないことが指摘されている。とすれば、女性問題は法的な議論の与える影響が強い（その分、経済的政治的な議論の力が弱い）分野ということになるのかもしれない。Cf., Schmitter with Todor 2012, p. 41.

法をも通じてなされる傾向の拡大が指摘されるべきであろう。しかし、これら非国家法は、国家法との比較においては私法的な要素を多く有しつつ、公共的な目標の追求や集団的利益調整などの要素を含み、ときには各国家の行政機関との連携を持つことによって、公私協働的な法多元主義の様相を呈している（浅野 2014、89 頁）。

　またⓒの法理念については、その内容や強調点における歴史的な変遷が指摘されるであろう。戦前を経済・政治における形式的平等と自由の時代とすると、福祉国家を支えたのは配分的正義や実質的平等であった。また福祉国家における権利としては、生存権の理念の登場が挙げられる[12]。

　さらに近年、福祉国家における権利や平等の在り方について、従来とは異なった方向性を打ち出す理論動向があることが注目される。それは、既存の福祉国家の下での社会保障は、支援を必要とする者に対する事後的な再分配にとどまっており、社会的協働に参加する対等な立場の保障とはなっていないという批判に基づいている（齋藤 2011、8-14 頁）。このような議論は、社会保障制度は、現在の生活状況が一定の水準以下にある人に物質的生活基盤を配分するだけではなく、そのような生活に陥る要因となった、自然的能力の欠如や、不利な社会階層に生まれ育ったなどの社会的不平等を解消するものでなければならないと主張する（同上 11-15 頁）。ここでは、全ての人が社会的協働に参加できるように、具体的には、社会的に意味のある仕事に就けるような教育と就業機会の保障がなされなければならない、とされる（同上 15-16 頁）。

　このような考え方は、⑤の財の特殊性の指標においてもみられる。財の特殊性から生じる弊害を克服するためには、（消費に限定される）事後的な物質的保障ではなく、選択の自由や自己決定権が重視される。また、その前提条件として、平等論においても教育や職業訓練などの機会配分の平等が重視されるに至っている。人権論でも同様に、財を有効に活用できる潜在能力の向上や、開発の権利などの第三世代の人権の重視がこれと平仄を合わせている。

　以上から、経済の影響を前提としながらも政治的対応の多様性を示している現代の福祉国家の変遷において、法の役割は何かを見出そうとする試みからは、

12　さらに、分配的正義が国境を越えては妥当しないと想定されてきた長い歴史がようやく踏み越えられつつあるとし、グローバル化に相応しい生存権の内実を探求するものとして、宇佐美 2013、9 頁以下。

次のことがいえそうである。第一に、グローバル経済の出現とそれに対応する政治の変化において福祉国家に縮減の傾向がみられるとき、法は国家法性をある程度弱め、経済や紛争解決、利益代表の制度化において非国家法としての存在形態をもみせている。第二に、法理念は、物質的な平等から、選択の自由を保障する機会の平等に強調点を移している。これは福祉国家的なパターナリズムを脱して、自由と平等の普遍的理念をより深く追求したものともみえる[13]。しかし反面では、物質的平等の保障が不可能になった経済状況に追随し、要求するだけではなく自分も働いて社会に貢献せよという、自己責任を強調する新自由主義を法理念的に正当化する試みのようにもみえる[14]。

　以上では、比較福祉国家論の議論を参照しつつ、福祉国家の変容における政治経済と法との関係を一般的にみた。次節では、より具体的、特殊的に日本の福祉国家の変容におけるこれらの関係を論じる。

Ⅲ　日本型福祉国家の発展における経済・政治・法

1　経済と政治

　日本型資本主義は、英米型の資本主義とは異なり、自由市場やレッセ・フェールのモデルでは捉えられないことが、その大きな特徴であるといわれている (Pempel 2012, p. 127)。大企業はグローバル市場をターゲットに据える一方で、国内市場は売り手寡占の状況で、海外からの投資や輸入に対しては閉じており、2000 年代まで他の OECD 諸国に比して、直接投資の受け入れが顕著に低い状態であった。

　福祉国家の形もまた、西欧諸国のモデルとは非常に異なっていたといわれて

13　柴田 2011、81 頁以下は、リバタリアンやネオリベラリズムからの社会保障法や再分配への批判に対して、私的所有権の基本的な正当化理論であるロックの所有権論を掘り下げる。近代資本主義社会では、本来自己の労働の主体でありその成果の所有者であるはずの労働者が、労働契約により使用人である資本家の所有物となり物化される。この矛盾を解消し、労働者の人格の尊厳・独立と自由の回復のために社会保障法は用いられるべきで、例えば、労働者の経営参加権や生産物価値からの社会保障基金の形成による社会的包摂の促進方法の開発などが、社会保障法の理念に含まれるべきであるとする。

14　齋藤 2011、21 頁においては、社会保障が労働する能力を持たない（と目される）者に対するスティグマを伴うことなく、貢献の具体的な見込みにもかかわらず、生きている存在そのものの尊重につながるものでなければならないとする。

いる（*Ibid.*, p. 128）。日本の国内経済政策には強度の福祉的考慮が組み込まれていたが、それは公共事業や補助金の形をとるものであった。西欧型の福祉国家とは異なり、生活困難を抱えた個人に与えられるセーフティ・ネットの形をとるものではなく、経済的に遅れた地域や移行産業分野などへの補助金によって経済の下支えを行うものであった[15]。福祉国家においては一般に、給付を受ける個人の依存性が高まることが指摘されているが、日本の場合はこのような補助金政策の結果、地方や産業の依存性が高まるとともに、これらが永続的な票田ともなって、自民党の長期安定政権を支えていた。

　55 年体制の確立以降、1993 年の分裂まで、「異例の民主主義（uncommon democracy）」（Pempel 2012, p. 124）と海外からはいわれるほどの長期安定政権を保った自民党政権は、一般的には対立しがちな大企業と農家、それに加えて中小企業の支持を同時に得ていた。戦後に、社会主義への対抗と経済復興という大枠の目的の下、政策的にはむしろ雑多な考えの集合体として始まった自民党内には、大きく分けて二つの方向性が存在していたとされる（*Ibid.*, pp. 126-127）。一つ目は、大企業を支持基盤とする、岸、池田、福田、佐藤などの官僚出身政治家によって追求された官僚主導型経済成長の方向である。二つ目は、中小企業や農家の票で選出される地方出身議員によって追求された、補助金型福祉経済の方向である。後者は、大企業や外国企業との競争を緩和し、雇用の安定を図ることによって、国民の生活を保護しようとするものであった。両者は、経済成長分野への集中的投資かむしろ弱者保護かで、通常は対立関係にある政策だが、戦後の未曽有の経済成長がその両立を可能にしたとされる（宮本 2008、83 頁）。補助金による競争の緩和と、そのような保護により育成され、勝ち上がった企業が海外進出する形で、全体のパイが増加し、全般的な生活の向上が可能となっていた（Pempel 2012, p. 129）。

　日本の政治経済においてもう一つ特徴的であるのは、労働組合の政治的影響力の弱さである、とされる（*Ibid.*, p. 127）。労働組合の支持は旧社会党、旧民社党、共産党の三党に分離していたが、占領期の短期間と 1993 年の自民党分裂時の一時期を除いてどの党も与党にならず、社会保障制度に大きな影響を与え

15 　地域開発や公共事業による雇用の創出により、社会保障を代替させてきた日本の福祉国家は「土建国家」と呼ばれている。宮本 2008、3 頁、74-87 頁。

ることもなく、企業内でも資本との強力な闘争を組織することもなかった。失業率の低さ、企業内福利の充実、多くの家庭の中流化などが、このような労働者の組織的影響力の弱さの克服を大きな政治的課題としなかった、とされる[16]。

労使協調を可能としたこのような経済成長と補助金政策の両立は、石油ショック以降にはすでに財政的に困難になっており、1980年代以降問題は一層深刻化したが、補助金や既得権保護を要求する利益集団と、これらを支持基盤とする族議員と関係省庁との間には継続的な予算獲得システムが成立しており（いわゆる鉄のトライアングル）、大きな構造改革は2000年代の小泉内閣の時代まで行われずにいた（北山・城下2013、358頁）。

他方、個人を受給者とする福祉制度をみたときには、もともと、失業保険や生活保護においてはヨーロッパ諸国の平均を下回り、生活保護の捕捉率も低く（金子2017、288頁）、社会保障政策の発展は不十分であった[17]。その不十分な福祉も、1980年代以降は、医療の自己負担増や年金の受給年齢の引き上げや給付額の引き下げが行われ、縮減が進められた（新川2011、87頁、89頁）。

以上のように、日本の福祉国家では、個人への直接的な福祉給付よりも、補助金などによる中小企業や農業の育成保護、公共事業を通じた雇用の維持を中心とする生活保障に力が入れられてきた。「社会保障制度の発展は、人々の勤労意欲を失わせ、経済成長を阻害する」とされる日本型福祉社会論がこのような体制を支えてきた（北山・城下2013、340頁、349-351頁）。しかし、グローバル化はこの体制の前提であった国内市場の閉鎖性を不可能にしており、低成長の下では補助金による農業や中小企業の保護についても見直しを進めざるを得ず、企業の海外流出による雇用の縮小、サービス業化による賃金の低下が進んでいる。少子高齢化も進む一方である。その結果、雇用も生活保護も手に入れられない多数の人々が出現しつつある。個人の権利としての福祉制度の確立が不十分で、政治に影響を与える労働者の組織化も弱い日本においては、いったん福祉の縮減が政策的に促進されはじめれば、そこに歯止めをかける大きな社会的

16　新川2011、86頁は、1950年代の激しい労使紛争の中で階級主義的労働組合が敗北し、企業内福利を通じて労働者が企業内に包摂される企業主義労働組合が台頭し、日本的労使関係が築き上げられたと論じる。

17　日本の社会保障給付費の対GDP比は高度経済成長期とその後も低いままにとどまり、スウェーデン、フランス、ドイツなどと比べてはるかに低く、この点ではアメリカやイギリスという自由主義レジームに近いとされる。新川2011、84頁。

力は存在しないといえる。

2 法

　本章Ⅱ2「法」において、経済と政治との関係における法の役割を、①国家による経済介入の制度化、②資源配分の多元的ルール化・制度化、③国家的な利益代表の制度化、④必ずしも国家的なものに限らない紛争解決と利益代表の制度化、⑤基本財への権利、⑥男女平等の実現に見出し、これらをさらに大きくまとめて、ⓐ国家法によるものだけではなく、民間組織や消費者などの声に応じた企業の自主規制などの非国家法的手段を活用した経済的圧力の緩和・資源配分などの制度化（①②）と、ⓑ多様化する利益代表と紛争解決の制度化（③④）と、ⓒ権利や平等という法理念の活用（⑤⑥）の三つに整理した。これを日本の福祉国家における法の役割として考えてみるならば、どのようなことがいえるであろうか。

　ⓐについては、前項で日本型福祉国家の特徴として述べたように、個人に対する直接的福祉給付は抑制されていた一方で、補助金や公共事業などの地域的、業種的な集団的給付による雇用維持には力が入れられていたとすれば、個人の生存権保障としての福祉は少なく、利益集団による議員への働きかけという利益配分政治の力が大きく働いていたということになるであろう。ここでは法の役割は、政治に比べ小さい。

　ⓑについては、利益代表と、利益調整としての紛争解決の制度化も、例えば司法的な解決よりも、選挙や、族議員と省庁との間の結びつきによって決定される予算配分の方法論として確立されていた。とはいえ、選挙制度や省庁の在り方を規定する組織規範として、法がこのような利益代表制度を支える役割を果たしていたことは間違いがない。しかし、省庁再編や政府主導の強化、規制緩和により、従来の利益集団代表によるこのような保護政策の維持は困難となっている。

　ⓒについては、Ⅱ2でみた福祉国家の一般論と同様に、日本でも福祉国家を支える法理念の変化が論じられている。従来の通説であった抽象的権利説は、生存権は具体的権利ではなく、したがって憲法25条を直接の根拠として給付を求めることはできないが、憲法25条を具体化する法律が制定されれば、そ

の法律に基づく訴訟において、生存権侵害を主張できると論じる。しかし、これでは法制定により生存権の範囲が「最低限度」を超えて拡大する可能性を開くことになり、国家への要求は膨らんでいく。国家がこの要求に応じ、個人の生活への介入を広げることによって、個人はパターナリスティックな保護の客体となる。そこで、近年は、生存権の保障は個人への保護的給付ではなく、自律の基盤を確保することであるとの見解が論じられるに至っている。憲法25条は経済的な貧困の克服ではなく、個人の自律のための条件整備としての就労支援や社会的なネットワークの形成を目的とするべきだという考え方である（辻2011、236-237頁）。

　同様の流れに属するものとして、障がい者の社会福祉や介護保険においても、「措置から契約へ」（菊池2010、307-309頁）といわれる理念の転換が唱えられてきた。従来は行政が決定する施設や方法で生活困難者を処遇していたが、介護サービスや就労支援について、指定業者との契約により、自己のニーズに合ったものを選択できるようにするという考え方である。パターナリズムを排し、自らの選択を尊重しようとする自己決定権の重視という近年の権利論の動向もこの理念転換を支えている。

　Ⅱ2でも論じたように、このような法理念の変化には、二つの側面を指摘することができる。一方では、社会保障制度においても権利の本来の在り方を追求し、保護の客体ではなく行動の主体として、自律や自己決定を保障する方向に制度を再編していく必要性が認められることである（菊池2006、317頁以下）。他方では、自律の条件整備のために行われる就労支援プログラムなどの提供は、このプログラムを活かすことのできない人を、自己責任として社会協働から排除することを正当化する便法ともなる（金子2017、90-92頁、辻2011、241-242頁）。福祉サービスの契約化や民営化は、粗悪なサービスしか選択できない人々に、さして有難くもない選択の自由を約束することにもなりかねない[18]。自己決定権の保障は、情報不足や能力不足によりもともと自己決定が困難な人々への細やかな支えを必要とする、非常にコストのかかるものであるのに、まるでパターナリズムのコストを削減できる効率的方法であるかのように喧伝され

18　｜　小泉構造改革以降の自立支援プログラムの実態については、宮本2011、127-129頁。

ている。

　以上から、日本型福祉国家における法の役割については、次のことがいえそうである。第一に、政治と経済の役割が大きく、個人の権利保障やそれに基づいた裁判規範としての法の役割はあまり大きいとはいえない。第二に、選挙制や、省庁の在り方を規定する組織規範としての法は、どのような資源配分が行われるかに影響する。従来の補助金政策を支えた利益代表制度や政府組織や省庁の在り方が変化したとすれば、新たな利益代表制度や組織の形成に法は寄与することができるのではないだろうか。また、国家の相対化という現象の観点からは、このような利益代表制度や組織形成が、議会の選挙や国家組織の範囲には限られず、私的・社会的な利益代表の制度化を視野に入れて考え直されるべきである。一つの可能性としては、従来は組織化が弱かったとされる日本の労働者の組織化、特に非正規雇用の労働者の新たな組織化や利益代表化に、組織規範としての法が寄与することが考えられる。第三に、近年の契約化、自己決定権や自律の重視の傾向は、使い方次第で福祉国家の縮減の後追い的正当化にも、権利や平等のより深い追求にもつながる両刃の剣であるように思われる。

Ⅳ　福祉国家の変容における法の役割
──法多元主義的視点

　以上では、Ⅱで戦後の先進諸国における福祉国家の変遷と、そこでの経済・政治・法の関係、Ⅲで日本型福祉国家の変遷と、そこでの経済・政治・法の関係を概観した。福祉国家の在り方を決定する力においては、やはり経済や政治の力が大きく、法の役割は限定的であるといわざるを得ないように思われるが、利益集団の組織化や配分手続については、組織規範としての法の有効性は存在する。理念としての法には、一方で、経済や政治の変遷を追随的に正当化している面と、他方で、独自に発展し、経済や政治に対する批判的視点を提供する可能性を有する面との両面がある。

　そこで、問題は今後の福祉国家の行方である。

　グローバルな経済や政治との連動の不可避性、利益代表制度と組織形成、理念的基盤という法の在り方を念頭に置いて考えるときの一つの参考として、以

下アフィラーロ&パターソンが提唱する新しいグローバルな福祉社会のモデル
の提案を取り上げる。

　アフィラーロ&パターソンは、従来のブレトン・ウッズ体制に基づいた、各
国間での「比較優位」という国際貿易の原則と「福祉国家」という国内政策の
原理の結合が崩壊してしまった現在のグローバル化社会には、この新たな状況
に見合った原理が必要であるとする。現在、グローバル化における経済的恩恵
を被った人々と、被らない人々の層が、従来のように必ずしも南北格差として
ではなく、国家を横断して存在するに至っている。前者にはグローバルな富裕
層、中間層がおり、後者には、グローバル化における競争にさらされて不安定
な立場に陥った従来の中間層と、グローバル化の波に取り残されて孤立してい
る人々とがいる。ブラジル、インド、中国、韓国、旧共産主義圏でもグローバ
ルな中間層が出現していると同時に、ブラジルの掘っ立小屋のような集落やア
フガンの山岳地帯やパリ周辺のエスニック地域などには、発展から取り残され
た人々がいる（Afilalo & Patterson 2009, p. 136）。

　先進国において、安定的な中間層以上が一体的に代表されていた従来の状況
が変化し、富裕層、多様な中間層、多様な貧困層が、グローバルに分散した、
いくつもの階層によって形成され、各層において偏った代表制度しか機能して
いない状況に対して、アフィラーロ&パターソンは、「比較優位―福祉国家」
の原理に代えて「経済的機会のグローバルな保障（global enablement of econo-
mic opportunity）」の原理を提唱している（*Ibid.*, p. 137）。このような保障を実現
するためには、理念の力によるだけではなく具体的なグローバルな制度化が必
要である。それは仮に「貿易会議（Trade Council）」と呼ばれている。この貿
易会議は、経済的機会を拡大することの可能な、従来有効な規制の存在してい
ない個別的アジェンダを対象に、アド・ホックな介入と調整を行うことを目的
とし、個々のアジェンダごとに利害関係を有する諸国家、企業、私人の代表に
より構成されるとする。すなわちこの会議体は、世界政府的な包括的な組織で
はなく、個別問題ごとのアド・ホックなものであるが、グローバルな規模での
利益調整の必要性を、シンボル的にも制度的にも表現するものである。またそ
の規制の方法は、トップダウン形式の立法よりは、インセンティブを与えるこ
とにより関係者の行動を調整しようとする、自発性を利用した規制である、と

される（*Ibid.*）。

　具体的には、従来とられてきた国内法による外国企業の規制に代えて、「貿易会議」は二つの方法を採用するとされる。一つ目は「新たなマーシャル・プラン」とされる資金供与制度であるが、疲弊したヨーロッパ諸国の再建という戦後のマーシャル・プランとは異なり、グローバル化から取り残されている特定地域の小さな企業やミクロ経済レベルでの経済支援を行うものである。「貿易会議」は直接資金提供を行うのではなく、貿易会議メンバー諸国によって設立される地域銀行の創設と、ここでは「社会契約（social contract）」とされている、外国企業の資本と、現地の労働者や受入国との間の協働の制度設計を促進する。従来、外国企業が工場を設立した場合でも、受入国では一時的な労働者の雇用以上の利益がなく、かえって環境や伝統産業の破壊が進み、その後の自律的発展が阻害されることも多かった。そこで、「社会契約」は、受入国の要求する基準に従った開発投資や、さらに海外企業は受入国ではなく母国の規制基準に従うことや[19]、現地の材料を使用した生産、現地企業に母国市場への製品供給の優先権を付与すること、現地の労働者を従来のように母国の欧米人の管理職の下で働くブルーカラー・非熟練工としてのみではなく、管理職や熟練工として育成することなど、様々な条項を含むことによって、海外の企業投資と現地の実質的発展の双方の実益の調和を図るものとされている。また、このような現地での「社会契約」の遂行のためには、受入国の努力だけではなく、アメリカなどの母国側が、自国のこれに携わる海外進出企業に、税の優遇や補助金などの措置を講ずる必要があるとされる（*Ibid.*, pp. 138-139）。

　二つ目には、「貿易会議」にはグローバル化による経済的機会から取り残されている地域でのインフラの整備とともに、投資や開発の外部性（第三者の負担）の抑制につとめるという役割が割り当てられている。外部費用の主要な例として環境問題が挙げられるが、地球温暖化や酸性雨や熱帯雨林消滅や絶滅危惧種などの問題は、グローバルな協力関係が作り出されなければ解決不可能な問題である。ここで「貿易会議」は、実効性のない国家間交渉システムを、「地域銀行」の優先的融資によるインセンティブによって代替させる。例えば、

19　山田（八）2018、155 頁でもこのような方法がグローバル市場における有効な規制の在り方として提案されている。

インドネシアがウミガメ保護を行えば、「地域銀行」はインドネシアへのより多くの海外企業の進出促進を支援するという形をとる、とされる（*Ibid.*, p. 140）。

　以上のような新たなグローバルな制度化によって、「貿易会議」は、国際貿易の理念を、従来の国内的分配的正義に基づいた効用最大化原理から、グローバルな中間層と排除された階層における経済的機会の共有と拡大の原理に転換すべきことを主張する。グローバル化する現在の世界での脅威は、テロリズムと国家的原理主義であるが、これらの発生の理由が何であれ、戦前のブロック経済が旧植民地保有国の連帯を、ブレトン・ウッズ体制が西側戦勝国の連帯を目指したように、グローバル化した経済はそれが対象とする全世界の連帯を目指さなければならない。排除された外部が存在しているままでは、今後のグローバル化経済の安定は望めないとされる（*Ibid.*, pp. 141-142）。

　現状のグローバル化の中で、従来型の各国単位の産業化＝福祉国家の理念に基づいた経済計画を立てて失敗した例として、メキシコのマキラドラスが挙げられているのも興味深い。北米への不法移民を阻止するために、メキシコではアメリカとの国境に位置するマキラドラスの町に無関税の産業拠点を創設した。しかし、北大西洋機構の南北アメリカ大陸への拡大の下で、メキシコはマキラドラスでの利潤を国内の福祉制度に活用することができなかった。かえってマキラドラスで利潤を得た自国企業が、低賃金の南アメリカの諸国に資金を流出させたことにより、経済的繁栄を夢みて一時的に多数の労働者が集まったマキラドラスでは、思うような経済的成果がなく治安の著しい悪化を招いたとされる（*Ibid.*, pp. 142-143）。ここでは、産業の発展の際に、それを統括する国家が取り分を得るという図式が成立しなくなった現状において、その発展に関与する複数国、企業、労働者、その他の利害関係者、そしてこれらの多様なアクターの交渉を媒介する何らかのグローバルな組織が必要であることが示されていると考えられる。

　このような「貿易会議」のアイデアは、まだまだ具体性には欠けるところが多いであろうが、本章の議論においては、参考となるものである[20]。

---

20 ｜ 浅野 2015、201-204 頁においては、近年のグローバルな知的財産権保護強化の動きにより、貧困国での薬品の購入・使用が以前に増して難しくなり、また、先進国における富裕層の病気（糖尿病など）に対してはわずかな効能の向上に向けて多額の開発費が注入される一方で、貧困国で多数の人々が苦しんでいる病（「アフリカ・トリパノソーマ症」など）に対しては購

第一に、「貿易会議」は、既述の@経済的圧力の緩和・資源配分などの制度化、⑥利益代表と紛争解決の制度化を、グローバルな規模で行おうとする試みである。このような制度化には、例えば、利益代表をどのように選出するか、配分決定手続をどのようなものとするのか、について従来の国家における議会や、かつてのマーシャル・プラン、EUやASEANなどの領域経済を形成している国際的な組織における組織規範の成功例や失敗例を参照しつつ、グローバル化時代にふさわしい、新しい形を模索する必要がある。法的な組織化や手続化の技術は、有効性を持つであろう。

第二に、既述の©権利や平等という法理念の活用という点においては、「貿易会議」は従来の自由貿易ではなく「経済的機会のグローバルな保障」「排除された外部の取り込み」という平等と分配的正義の理念への転換を主張している。そして、これは、従来のように先進国と発展途上国との南北経済格差を前提とするものではなく、グローバルな富裕層、中間層、貧困層の分断を視野に入れるものであるため、例として挙げられているインドネシアやメキシコに対する経済的機会の保障だけではなく、東日本大震災以降の東北地方の復興への投資なども個別アジェンダに含むことができる仕組みである。

第三に、新しいマーシャル・プランといわれているように、この「貿易会議」のアイデアは、個人的な権利を保障するものではなく、むしろ戦後の日本型福祉社会の補助金型政策をも髣髴とさせるような、間接的な機会提供である。グローバル化の中で個人の実質的な権利保障という形で福祉社会の将来を語ることには、限界があるのかもしれない。また、このようなトランスナショナルな福祉社会のモデルは、かつては南北問題にみられるように先進国と貧困国に分断されていた諸国を横断する、グローバル化の勝者としての富裕層、不安定

買力が期待できないために全く開発がなされないという薬品開発の不合理に対処する制度として、提案されているヘルス・インパクト・ファンド（Health Impact Fund, HIF）の試みを紹介した。これは、資金を集めて、制度に登録された製薬に対して、市場価格による売り上げではなく、患者の健康寿命が延びた年月に従って、報酬を分配するという、現在の知的財産法制に代わる全く新しい製薬製造・報奨の制度創設の試みである。合理的な製薬開発の仕組みという個別アジェンダに対応するものであること、製薬会社の知的財産権の保障から、ある種の補助金のような制度創設による集団的な分配制度への移行であること、企業・経済学者・医療研究者・貧困層の利益代表などグローバルで多様な利害関係者による制度設計の試みであることなど、HIFは、「貿易会議」の理念と重なるグローバルな制度設計の一案ともみることができる。

化した中間層、グローバル社会から排除されている（しかも既存の社会でのポジションは喪失してしまっている）貧困層の間での再分配としての経済的機会の保障である。したがって、日本の生活困難者も受益者となる可能性がある一方で、他の国の人々への援助と協働の義務をも果たさなければならない。この点は、グローバル化の中での福祉の維持においては、福祉「国家」からトランスナショナルな協働への発想の転換が伴わなければならず、国内政治にはこのような発想の転換を促す契機は大きくないであろう。長期的には経済的にも合理的で、理念としては近年の自律や自己決定権の保障の動きに合致した「経済的機会のグローバルな保障」が、非国家的な形での利益代表と調整の制度化によって図られなければならない。これが、グローバルな政治経済の現実の流れの中にただ飲み込まれることに抵抗し、新しいグローバル社会の制度構想を導く法の役割と認識され得るかどうかが、福祉国家の行方を決める。

　第四に、ⅡとⅢで論じたように、自律や自己決定や機会の保障という一見良さそうな理念が、必要な物質的保障を提供しないで済ます口実や、例えば、提供された支援プランが先進国の価値観や権益に偏ったものである場合に、そのプランに迎合しない人々を切り捨てる正当化理由となり、より無慈悲な排除につながる危険は、グローバルレベルでも当然存在する。このような場合における適切な利益代表の制度化は、困難を極める問題であろう。

Ⅴ　結　　語

　以上、戦後における先進国と日本での福祉国家の発展と、グローバル化の中での福祉国家の現状維持の困難を確認し、その再編の方向性を探った。福祉国家における社会福祉では、権利の消極的侵害を避けることではなく、給付や支援による権利の積極的実現が要求されるため、経済的・物質的な基盤の存在することが不可欠であり、経済がその在り方を左右することは避けられない。また、資源配分は政治的闘争によって大きく影響される。法の役割は政治経済を後追いするものとなりがちである。

　しかし、日本においては非組織労働者の利益代表の組織化・制度化や、グローバル社会においては、アフィラーロ＆パターソンの提唱する「貿易会議」に

象徴される、国境を横断して出現している、富裕層、中間層、貧困層の様々な利益代表の組織化・制度化の技術を提供することは法の役割であり得る[21]。

　また、パターナルな弱者保護ではなく、自律や自己決定や機会の保障による自由と平等の拡大は、直接個人に物質的給付を与えるよりも、社会の格差構造の解消に力を発揮するかもしれない。他方で、政治的状況や経済的状況からの圧力とも相まって、「機会の保障」を重視する自由や平等の理念は、国内でもグローバルなレベルでも無保護や救済の切り捨ての正当化に向くかもしれない。個人的な権利の現実的力は、ここではあまり期待できない。

　このように福祉国家とグローバル化の行方は、決して楽観を許すものではないが、経済のグローバル化が地球規模で広がるのに対応して、法が前提とする社会もグローバルな規模を視野に入れる必要がある。ここで世界政府の構想が非現実的であるとすれば、個々のアジェンダごとの利益代表・調整の組織化、そこでの規範の形成という、漸進的な対応しか道がない。非国家法も活用する個別アジェンダごとの組織的解決を目指す法多元主義的な方向は、必ずしも理想ではないかもしれないが、未知のグローバル化時代において直面する問題に、人類が経験を徐々に積んでいく一つの方法であるように思われる。ここでの法多元主義の特徴は、法の役割を、従来の国家的福祉における「生存権」を中心とした実質的な権利論よりも、個別アジェンダを検討する、非国家的アクターをも含む組織の制度化や、その制度における議論や運営や利用に参画する権利という主に手続的な権利の保障に見出すところにある[22]。

　福祉国家の行く末は、諸国家における福祉拡大という「頂点への競争」ほど明るくもなければ、諸国家における福祉縮減への邁進という「底辺への競争」ほど絶望的ではない道を目指して、望むと望まざるとにかかわらず進展してい

21　原田大樹は、「国際化・グローバル化の文脈において社会保障法はどのような現状にあるのだろうか」という問題意識の下、国家が直接再分配を果たすのではなく、再分配を支援する役割を果たす制度化の可能性を示すものとして、補償基金、グローバル・タックス、私保険、企業による再分配の四つを検討している。原田 2015b、186 頁、202-209 頁を参照。

22　菊池 2010、332-336 頁においては、我が国の社会保障法学においても、政策問題としての社会保障の重要性が高まり、経済学、財政学、政治学、社会学などの領域からのアプローチがなされるに至っており、その中で、生存権を中心とした権利主義的社会保障論の有効性は失われてきて、社会保障制度に登場する各種の当事者の組織、管理運営およびそれらに対する監督の規律や、国家と国民の間に存在する様々な法主体間をめぐる法律関係の解明や、給付に限らず負担ないし拠出も含めた法律関係の解明に焦点を当てる捉え方が提唱されるに至っていることが指摘されている。岩村 2001、15 頁も参照。

くグローバル化における、諸国家と企業やその他の民間団体の協働において探し求められなければならない[23]。法は本来的に人々の関係性を制度化するものであって、グローバル社会の形成に従ってその関係性の形成と制度化を積極的に進める役割を果たすことができ、経済的弱者や排除されがちな人々に対する福祉的制度の提供によって、個人に社会的包摂を約束する手段となるべきである。

〔追記〕　本章は、「福祉国家の変容における法の役割」（同志社法学 68 巻 7 号 (2017) 499-526 頁）を加筆修正したものである。

---

23 | この点については、国内の文脈においても、福祉の民営化における、国家と社会福祉法人その他の民間事業との関係や、問題点などの検討も有効な視点となるであろう（菊池 2010、301-320 頁参照）。社会福祉の民営化の在り方については、今後の研究の課題としたい。

| 第4章 | 法多元主義からみる日本における自治規範の一例 |

I　はじめに

　法多元主義においては、非国家法が国家法と併存する状況を事実として記述
し分析するとともに、その状況を理論化することが課題となる。このような法
多元主義への関心は、グローバル化の進展に伴って、新たに生じ、また生じつ
つあるような国境を越えて拡大する人々の活動領域においても、従来の国家法
が、その法としての役割を十全に、適切に果たすことができるのであろうか、
という疑問に基づくものである。そしてまた、新たな活動領域の生成に伴って
様々な形であらわれる自主規制・自治規範が、国家法を補助する、あるいは非
国家法として国家法に代わって人々の行為を導き、調整する可能性のいかんを
考えるものである。このような自主規制・自治規範としては、例えば、赤十字
や「国境なき医師団」のような国際的な非政府組織（NGO）の組織規範や、ド
メイン名を管理し、そこにおける紛争解決の手続を備えている ICANN（The
Internet Corporation for Assigned Names and Numbers. これについては第1章 I 3
「法多元主義へ」も参照）が定めるようなインターネット上のルール群、国際商
取引におけるレークス・メルカトーリア（*lex mercatoria*）や国際スポーツ活動
に関するいわゆるレークス・スポルティバ（*lex sportiva*）などが想起される。
法多元主義の研究においては、これらのグローバルな文脈で生じている自治規
範が、従来の国家法が必ずしも適切に、実効的に機能しない領域において、非
国家法として人々の行為を調整する役割を果たす可能性と条件が考察される。
また、そのためには、国家法と非国家法がどのような関係に立っているのかが
分析されなければならない。

　以上の問題意識において、考察の対象となる自主規制・自治規範あるいは非

国家法は、インターネットや、経済的取引や、人道的援助、環境保護などの機能的な領域で発展しているものである。ここで「機能的」というのは、これらの自主規制や非国家法によって支えられている活動が、人々の全活動の中の一部の活動領域における、特定の目的に従ったものであり、ある共同体の生活を一体として、包括的に統治することを目的とするタイプのものとは異なっていることを意味している。後者のタイプの非国家法が関係する法多元的状況は、植民地における固有法や部族法、ジプシーのロマ法など、国家内部の自治共同体の法が国家法と併存している場合である。筆者は、すでに本書でも何度か触れているように、前者を「機能的法多元主義」とし、後者を「共同体的法多元主義」として区別しており、両者の違いを明らかにしたいと考えている。

　法多元主義における私の一般的な問題意識は以上のようなものであるが、海外の法多元主義の研究者との交流においては、「日本における」法多元主義にはどのような特徴があるのかを問われることが多いことも事実である。例えば、あるドイツ人の研究者からは、「ヨーロッパにおいては、法多元主義は EU 法と国家法の併存の文脈で語られることも多いが、日本ではどのような固有の法多元主義的問題が存在するのか」と問われたことがある。他の海外の研究者からも同様の質問を投げかけられることが多い。先に述べたように、法多元主義は現在、グローバル化の文脈において論じられることが多いため、「日本の」法多元主義という論じ方が必ずしも文脈に適合しない場合もあるように思われる。しかし、特定の機能的分野で、国家法よりも非国家法がより実効的で適切な規制や利害調整の手段を提供する可能性があるのではないかという法多元主義の発想（Zumbansen 2010, pp. 147, 151）は、特にトランスナショナルな領域にのみ限られる理由はない。そもそも、法多元主義の起源の一つが、植民地における宗主国法と固有法の間の対立、融合、補完関係の研究であったことを考えても、国内での問題や状況に対して法多元主義の観点からの考察がなされるべきである[1]。また、法多元主義が焦点を当てる自主規制や自治規範や慣習法などの非国家法は、各国家法にもまして、人々の活動領域を現に形作っている社会的文脈に埋め込まれており、その社会的文脈の違いへの関心は、「ヨーロッパ

1　例えば、Zumbansen 2010, pp. 144, 174 は、機能主義的法多元主義の要素と福祉国家における法形態との関係を指摘する。

における」、「アメリカにおける」、「日本における」法多元主義の在り方という
問題設定をも可能とするように思われる。

　また、法多元主義は最近のグローバル化における新たな現象ではなく、イス
ラム法（シャリーア）やユダヤ法などの宗教的な規範が、非国家法として人々
の生活を規律してきた例は伝統的によく知られている。これらの宗教法は、
人々の生活の中の宗教的な活動領域を対象にして、これを国家法とは別の規範
によって規律するものであり、その意味では「機能的」な多元性をあらわして
いるとみることもできる。もっとも、宗教的な規範が、包括的な道徳規範とも
結びついて共同体と人々の全生活を包摂するものともなり得るような強い力を
持つ点について、例えばスポーツやインターネットなど生活の一部分にかかわ
る行動にのみ適用されるような規範を考察する場合とは別個の考察が必要かも
しれないが、この点については、これ以上立ち入らない。

　本章では、日本国内における自主規制・自治規範が問題となる事例に注目し
て、法多元主義の観点からいかなる視点が得られるかを検討することとしたい。
事例としては、「山口県護国神社における自衛官合祀訴訟」を取り上げる。こ
の事例を取り上げる理由としては、第一に、今述べたように、法多元主義の伝
統的考察対象の一つである宗教規範と関わる事例であること、第二に、よく知
られた最高裁判例であり、また、下級審と最高裁の間で判断が大きく分かれ、
学説における評価や社会的評価も大きく分かれている点でも興味深い判決であ
るとともに[2]、これを憲法と自主規制との関係という新たな観点から分析する
ことができること、第三に、第二の理由と重なるが、この事例は、どのような
立場から、どの事実に焦点を当ててみるかによって、非常に異なったものにみ
えること、である。加えて、第四に、この事例は、神社神道をめぐる問題を含
んでいることもあって、海外の人々にとっても、日本における社会的文脈の特
徴が所々に示されているため興味深いと思われるからである。本章では、まず
この事案の概要を整理した後、法多元主義の観点から考察を加える[3]。

2　原告女性の請求を認めなかった最高裁の判決に対しては、多くのメディアや法学者が彼女を
　　被害者としてあるいは事案を悲劇的な事件として扱った点については、尾吹 2007、546 頁。

3　本章は 2016 年 11 月 4 日、Max Planck Institute for Comparative and International Private
　　Law で開催された German-Japanese symposium to Celebrate the 20th anniversary of the
　　Founding of the Journal of Japanese Law において行った講演、'Self-regulations and the
　　constitutional law in Japan as seen from the perspective of legal pluralism,' の内容をもとにし

Ⅱ　山口県護国神社自衛官合祀訴訟の概要

　この事案はよく知られていると思われるので、本章での議論に必要な範囲で、整理する。

　1973 年、自衛隊での勤務中に起きた交通事故で死亡した自衛官の妻（以下Y）が、夫（以下 T）が山口県護国神社に祭神として合祀されたことについて、合祀の廃止と、憲法で保障された自己の信教の自由の侵害に対する損害賠償を求めて、訴えを起こした[4]。この合祀は、自衛隊の退職者やその家族によって構成されている親睦団体であり全国組織である隊友会の山口県支部連合会が、山口県護国神社に要請したことにより行われたものであった。その経緯は以下のようなものである。

　1972 年、隊友会の山口県支部連合会は、山口県護国神社に対して、26 人の他の殉職者とともに、死亡した T を合祀することを申請した。戦死者を祀る県護国神社は、殉職者の合祀に対して当初は難色を示したが、県隊友会は、自衛隊の山口地方連絡部の協力を得て、宮司との交渉を行い、その結果として合祀実現の見込みが立ち、申請に至ったものであった。この合祀の申請は県隊友会の内規である「山口県護国神社における自衛隊殉職者の奉斎実施準則」に従って行われた[5]。県隊友会自体の構成や組織については、約款やその他の細則によって定められている。なお、合祀そのものは、県護国神社の宮司と県隊友会の会長との連名による鎮座祭斎行により行われている[6]。

　ところが、T の妻である Y は、死亡した T と結婚する以前の 1958 年からキリスト教の信者であり、県護国神社における T の合祀は彼女の意に沿わないものであった。そこで、Y は、県隊友会は国家機関である自衛隊と実質的に同一で、このような合祀申請行為は、憲法における政教分離原則に反すること、また、Y の反対にもかかわらず合祀を行ったことは彼女の信教の自由を

たものである。このシンポジウムは、日本とドイツにおける自主規制の在り方について取り上げたものであった。本章は、Asano 2018, pp. 147-156 に修正を加えた日本語版である。
4　最大判昭 63・6・1 民集 42 巻 5 号 277 頁。
5　同上 358 頁、378 頁。
6　同上 282 頁。

侵害することから、県隊友会に対して合祀申請の取り下げと、隊友会および国に対して100万円の損害賠償を求めた。

　山口地裁では、県護国神社によってすでに行われた合祀の申請取り下げによる廃止は認められなかったが、国と県隊友会に対する損害賠償請求は認容された。隊友会と国は控訴し、Yも認容されなかった部分について控訴した。広島高裁は一審の判断をほぼ支持し、国は最高裁判所へ上告した。

III　最高裁判決

　最高裁は高裁判決を破棄し、一審判決を取り消し、Yの請求を棄却した。

　その理論構成は、以下の三段階で整理することができる。

　第一に、最高裁は、県隊友会の山口県護国神社に対する合祀申請において、国家機関である自衛隊が実質的に関与したことを否定した。合祀は、基本的には殉死した自衛官の遺族らの要請に基づいて、県護国神社と折衝した県隊友会の努力によって実現されたもので、合祀申請も県隊友会の名の下で行われたものである、とされた。自衛隊山口地方連絡部は、単に県隊友会に対して、すでに戦死者のみならず自衛隊殉職者の合祀を行っている全国の他の護国神社の例についての情報提供をし、自衛官の妻とその他の家族との連絡をとることに協力したに過ぎない。したがって、この事例は実際には国家と個人の間の問題ではなく、私的団体である県隊友会とY個人、あるいは合祀を実際に行った県護国神社とY個人の間の問題であると位置づけられた[7]。

　もし自衛隊の関与がこのように軽微なもので、実質的なものでなかったとすれば、第二に検討されなければならないのは、この関与が憲法20条3項に定められた政教分離原則に違反するものであるかどうかである。最高裁は、政教分離原則に関する判例である津地鎮祭判決に言及した。そこで示されたのは、同項で禁止される宗教的活動とは、宗教と社会慣習や文化との深い関係性にかんがみて、宗教と何らかの関係を有するあらゆる行為を含むと解するべきでは

---

7 │ 山口県護国神社は、Yによる合祀の廃止の要求を断った。神社の側としては、いったん神として祀ったことを後で取り消すようなことは、冒瀆的なことであり、よほどの事情がない限り受け入れることはできないであろうと想像がつく。

なく、当該行為の目的が宗教的意義を持ち、その効果が宗教に対する援助・助長・促進または圧迫・干渉等になる行為をいい、ある行為がそれに当たるか否かは、行為の行われる場所、一般人の宗教的評価、行為者の意図・目的および宗教的意識の有無、程度、行為の一般人に与える効果等、諸般の事情を考慮し、社会通念に従って判断されるとの判断であった。本件での最高裁判決は、この、いわゆる目的効果基準に従うことを前提とした上で[8]、本件における合祀申請行為は合祀そのものとは異なる希望の表明であり、宗教とのかかわりは直接的ではなく、その目的も、自衛隊員の社会的地位の向上と士気の高揚を図ることにあったと推認され、このような目的は世俗的なものであって宗教的意識の希薄なものであるとした。また効果の点においても、特定宗教への関心を呼び起こし、あるいはこれを援助、助長、促進、または他の宗教を圧迫し、干渉を加えるような効果を持つものと一般人から評価される行為とは認められないとした。

　このように自衛隊の行為は政教分離に反せず、憲法違反ではないとした上で、最後に最高裁は、Yの信教の自由や宗教上の人格権が侵害されたか否かを検討する。原審では、自衛隊と県隊友会の申請による合祀は、Yの「自己もしくは親しい者の死について、他人から干渉を受けない静謐の中で宗教上の感情と思考を巡らせ、行為をなす」宗教的な人格権を侵害するものと判断された。しかし、最高裁は、前述のように、合祀申請自体は宗教的な意味を有さないとすれば、合祀そのものがYの法的利益を侵害するものであるか否かを検討すれば足りるとし、実際に合祀を行ったのは県護国神社という私人であるとし、判断のポイントを憲法の私人間効力の問題に移行させた。そして、この問題については、三菱樹脂判決等によって示された間接適用説に則って、憲法は国家権力に対して保障される個人の基本権を定めたものであって、私人間では直接に効力を持つものではないが、私人間においても信教の自由の侵害がその態様・程度において社会的に許容し得る限度を超えるときは、民法1条、90条、不法行為に関する諸規定の解釈を通じて憲法上保障されている基本権の趣旨を

---

8 ｜ 津地鎮祭判決におけるこの判断枠組みは目的効果基準といわれる。最大判昭 52・7・13 民集 31 巻 4 号 533 頁。

考慮すべきであるとした[9]。そして、その際には、当事者双方の自由、すなわち本件ではYと県護国神社双方の信教の自由に配慮すべきであるとし、日本社会における宗教的雑多性に鑑みるならば、個人の信教の自由の追求も、他の人々の宗教的信条や行為に対する寛容を伴ったものでなければならないとした。このような宗教的寛容の要請からは、他者の行う宗教的行為や行事が、たとえ自身の宗教的信条に反するものであったとしても、それが行事への参加を強制されるとか、それによって自身の宗教的行為が制限されるとかの事態に至らない限りは、個人の信教の自由の侵害とはならないと解されるべきであるとした。

その上で、本件においては、Yに対しては県護国神社で合祀の儀式が執り行われることが、宮司からの書面により「御祭神T命奉慰のため御篤志をもって永代神楽料御奉納相成り感佩の至りに存じます今後毎年一月一二日の祥月命日を卜して命日祭を斎行しこれを永代に継続いたします」として通知されたが、実際には永代神楽料等の費用は県隊友会に対する遺族らからの寄付金によって支払われており、Yが金銭的負担や儀式への参列などを強制されることはなかったとする。また、彼女自身は自身の意思によって、亡きTの遺骨の一部を、信仰する教会の納骨堂に納め、日曜日の礼拝や教会により執り行われる記念式典において追悼しており、これらのことは何ら妨げられてはいないとした。したがって、他者による強制や妨害は存在せず、Yの信教の自由への侵害は生じていないと結論された。

以上が最高裁多数意見における推論であった。これには四名の裁判官による補足意見と、三名の裁判官による同結論別意見と一名の裁判官による反対意見が付されている。

Ⅳ　三つの異なった見え方

日本の神社信仰における神道は、天照などの天皇家の祖神とされる系統の神々とともに、このような主流の系統の神々とはもともとは敵対的であったり、

9　自衛官合祀判決では、このように、事案を憲法の私人間効力の問題として捉えた。私人間効力の理論の観点からみた、本書が前提とする非国家法、国家から（相対的に）自律的な社会から生まれる法の適用に関するいくつかの理論的可能性については、棟居2018、64-67頁を参照。

征服の対象であったりしたような神々、また各地方の土着的信仰の対象となっていた神々をも祀ってきた。英雄のみならず敗者や、悲劇的な死を遂げた人間を神として祀ること、祟りを避け、鎮魂や慰霊のために祀ることも歴史的にしばしば行われてきた（丸谷1988における、怨霊信仰の歴史の分析を参照）。このような意味では、一般的な日本人にとって、死者が何らかの形で祀られることは、必ずしも嫌悪感や違和感を引き起こすものではないともいえよう。

　他方で、このような多神教的な世界観や、特定の人間が神として祀られることに嫌悪感や違和感を感じたり、あるいは宗教的なものをおよそ非合理的であるとして拒否する考えもあり得るところである。ただ、本件においては、合祀された自衛官本人には、Yの信仰するキリスト教も含めて、特別な宗教的信条や意見はなかったと結論されている。また、自衛隊員であったことからは、本人が神道における護国的な要素に対して、少なくとも積極的に反対を表明するような思想の持ち主ではなかったであろうことは推察される[10]。

　以上のことを共通の前提とした上でもなお、前述のように、この事例は、どのような視点から、またどのような立場からみるかによって、非常に異なった相貌を示すものとなっている。以下に三つの異なった事案の見方・見え方を描き出してみたい。

1　第一の見え方：判決に対する反対論の立場から

　Yの請求を認めなかった判決に対して批判的な立場からは、この事例は日本の伝統的な国家的イデオロギーの問題点を典型的に示すものであると解される。それは以下のようにこの事案を描き出す。

　最高裁判所が示した、自衛隊山口地方連絡部と県隊友会との共同関係は実質的なものではなく、一連の合祀申請行為は県隊友会の単独行為であるという判断は事実に反するというべきである。自衛隊は、従来から防衛庁の意図の下で、自衛隊員の士気の高揚と社会的評価を高めるために、殉職した自衛官の護国神社への合祀を行うことができるように、日本中で働きかけを行ってきていた。これは、旧日本軍と自衛隊とのつながりを強めるような動きとともにあらわれてきたものであり、旧軍の遺品や郷土部隊の伝統を顕彰する「資料館」の自衛

10 ｜ 前掲注4判決371-372頁における国側の主張および349頁におけるY側の主張を参照。

隊駐屯地における設立、旧軍の武勲を称える各種記念碑の建立、自衛隊高級幹部の天皇への拝謁などとともに、隊友会に殉職自衛官の慰霊祭の実施を委託し、現職隊員の参加を促してきたものである。1970（昭和45）年ころから靖国神社国家護持にも熱心な防衛庁長官らが自主防衛を強調するようになり、山口県でも殉職自衛官の県護国神社への合祀の気運が高まってきた。これらは、「宗教的行事により殉職（有事の場合の「戦死」）を美化する道徳を国民の間に育成し、その国防意識を高揚することを目的としている」[11]。Yからの合祀取り下げの要請に対応した自衛隊員は「殉職自衛隊員は忠臣と同じくらいの資格があり、遺族の宗教にはかかわりなく現職自衛隊員の死生に誇りをもたせるため奮起して祀った」と答えているが、これこそが明治国家以来受け継がれてきた日本の権威主義と軍国主義イデオロギーのあらわれ以外の何ものでもない（芦部1988、12頁）。

　この事案では、自衛隊は他の地方の護国神社における殉職自衛官合祀の際にどのように神社側と折衝を行ったのかについて、地方連絡部の総務課長宛に照会を行い、その結果を県隊友会に報告し、協議している。経費捻出のための募金趣意書の発送、募金の集計、奉斎実施準則および奉斎申請書の起案、奉斎者名簿の作成などの事務は、県隊友会の代わりに実際には自衛隊員が行っていた。妻であるYと、書類の受け渡しなどの直接の交渉を行った人物は、ほぼ全て自衛隊員であった。県隊友会は自衛隊の別動隊であって、合祀当時、県隊友会の事務所は山口地方連絡部内に設けられ、そこには会員や雇いの事務員は一人もおらず、自衛隊員が勤務時間内に隊務の一環としてこれらの事務を行っていた[12]。

　つまるところ、この事案は、国家と一部の日本社会によって支えられている権威主義的イデオロギーが、宗教の形をとって、個人の宗教的自由を抑圧する典型的な事案というべきである。合祀は故人の慰霊やその家族のためになされているものではなく、国家のための死を美化する意図の下で押し進められているものであり、個人の宗教的良心を踏みにじるものである。

　このような事案の見方には、国家神道と結合した戦前の軍国主義的イデオロ

11 ｜ 前掲注4判決345頁。
12 ｜ 前掲注4判決341頁、342頁、344頁。

ギーによってもたらされた抑圧と惨状を思い、神社神道に対して懐疑的である
ような日本人や外国人であれば、共感を示すことがあると考えられる[13]。

2 第二の見え方：私人間関係として

この事例に対する二番目の見方は、この紛争に関わった人々の関係を、私人
間の関係としてみたときにどのようにみえるかに焦点を当てる。この見方から
は、事案は以下のように描き出される。

国家の関与というファクターをとりあえず横に置き、実際に、誰が、どのよ
うな利害関係や感情のもつれによって紛争状況に巻き込まれたのかという観点
からみるならば、この事案の実情は、自衛隊の隊員がいかなる関与を行ってい
たかにかかわらず、紛争の主体は必ずしも自衛隊あるいは県隊友会とはいえな
いものであった。自衛隊や県隊友会が、妻であるYの意思に反してあくまで
合祀を行おうとする強い意図を持っていたとはいえなかった事案なのである。

話はもともと殉職した他の自衛官達の遺族の一部が、県護国神社への合祀の
希望を表明したことから始まっている。遺族からの要望を聞いた県隊友会と自
衛隊が、その実現に向けて協働したのである。事実、Yが、自身がキリスト
教徒であるという宗教的信条を理由に、Tの合祀に反対の意を唱えているこ
とを知ったとき、新聞による報道もあり、自衛隊側は後にもめごとに発展する
ことを恐れて、合祀申請を取り下げようとし、Yにそのように告げている。
しかし、新聞報道でYが合祀に反対していることを知って、Tの父が、申請
を取り下げず合祀を維持してほしい旨を地方連絡部に電話で伝えた。また、T
の父の意を受けたYの実父が、Yに合祀申請取り下げの要求を断念するよう
に説得を行った。

Yは自衛隊側が一度は合祀申請取り下げを約束しながら、Tの父や実父が
介入してきたことについて、自衛隊側に不信感を募らせた。自衛隊・県隊友会
側とYとの間での話し合いは適切に行われずじまいとなり、自衛隊側からは

---

13 | 千葉正士は、政教分離論において、各国における政教分離か決して完全分離ではないことを
詳細に検討した後に、このような諸国の政教分離の曖昧さにもかかわらず、日本においては
神社神道に基づく地鎮祭などを非宗教的な慣習とみなすことが理論的には可能であるとして
も、戦前、戦時中に神道が国家的イデオロギーを支えた歴史的経緯に鑑みれば、それは政策
的選択としては適切ではないと述べている。千葉 1998、302-303 頁。

結局、隊友会としては善意でやったことであり、Yは反対しているが、Tの父親は合祀を望んでいるということであるから、親子の間でよく話し合ってほしいとYに伝えた。その後、Tの父は、Tの弟、妹、Yの父の連名で、自分たちは合祀について嬉しく思っていること、Yの反対を聞くことなく合祀を行ってほしいということを記した嘆願書を自衛隊に提出した[14]。結局、合祀はそのまま行われた。

　自衛隊・県隊友会側は、他の遺族の要請に応える形で、県護国神社と合祀について折衝したが、Yの反対に直面し、もめごとを恐れて、撤回しようとした。しかし、別のTの遺族が合祀を強く望んだため、親子の間での問題であるので、親子でよく話し合ってほしい、と問題の局面を変えた。遺族の要望に従って動いていた県隊友会などが、予期せぬ遺族からの反対に直面し、対応に右往左往し、結局遺族に問題解決を委ねる態度をとった。しかし、このことはYが、義父らとの感情的な争いに巻き込まれることを意味し、Yからは自衛隊・県隊友会側が義父たちを巻き込んだように映り、交渉相手としての無責任さ、不誠実さに対する怒りにつながったのである。このような紛争状況が、最高裁が、結局この問題は私人間の問題である、信仰は尊重に値するが、それと同時に他者に対する宗教的寛容が信教の自由の保障のためには必要であると述べた背景に存在していた。もっとも最高裁では、法的判断において重要な私人間関係は、本件では、合祀を行った県護国神社とYとの間に存在するものとされているが、県護国神社はもともとは戦没者と殉職自衛官の意味合いの違いから、後者の合祀については念頭になかったところを、自衛隊・県隊友会の強い働きかけにより行うに至ったところのものであって、また自衛隊・県隊友会の働きかけは遺族からの要望に基づくものであった。そうすると、結局のところ、合祀を望む遺族（県隊友会らはそれを一般的であると考えた）と望まない遺族の価値観の隔たりが問題の発端であると考えられ、県隊友会は一方の側に偏った行動をしたことによって、自らも争いに巻き込まれたということができる。

3　第三の見え方：教会の関与

　この事案に対する三番目の見方は、Yと彼女の所属していたキリスト教会

14 ｜ 前掲注4判決391-392頁。

との関係に焦点を当てるものである。この見方からは事案は以下のように描き出される。

1958（昭和33）年にYは日本キリスト教団山口信愛教会で洗礼を受けた。山口信愛教会は牧師（以下H）によって率いられる教会であった。Hは、以前から、靖国神社を宗教法人から特殊法人に変え、政府の管理下に置き、経費も公金で負担することを実現しようとする靖国神社法案に対する反対運動を繰り広げている人物であった。Hは、靖国神社法案に反対する勉強会などを行っており、勉強会のメンバーである女性の一人に靖国神社法案への反対署名を集める運動を行うように勧めたこともある（FIELD 1991, pp. 124-125）。また、Hは、殉職自衛隊員の護国神社への合祀は、現職自衛隊員の士気高揚を図ることを目的としたものであり、護国神社における合祀は靖国神社法案に連なるもので、国家の神社神道に対する肩入れ、援助であるという思想の持主であった[15]。

もともとYは、それほど強固な宗教的こだわりを示す人物ではなかった。YはTの死亡時に自衛隊によってとり行われた仏式の葬儀に参加し、その後、Tの父により行われた仏式の葬儀にも参加している。また彼女自身、一時は自分の家に仏壇を買って、Tの供養を行っていた[16]。Tの死後はしばらくTの実家に身を寄せていたが、そこを出て郷里の山口に帰り、Hを頼りにして個人的な相談を持ちかけるようになった。

自衛隊と県隊友会がTの合祀についてYに交渉を求めるようになったので、彼女はHに相談した。彼女はTの合祀については躊躇があったので、それを聞いたHは合祀反対を強く主張して、自衛隊を自ら、また日本基督教団の委員らとともに訪れ[17]、合祀申請取り下げの要請を行った。

このように、彼女自身においては、もともとはそれほどではなかった宗教的一貫性や、自衛隊や県護国神社への合祀に対する不快感は、「Hを頂点とする支援グループにそそのかしあおられて発生したか、もしくは増巾されたものであ」り[18]、県隊友会の意図は、殉職した自衛官の霊魂を慰め、遺族の気持ちに応じようとしたのみであったにもかかわらず、Hとその支援グループがこと

---

15 ｜ 前掲注4判決354頁。
16 ｜ 同上356頁。
17 ｜ 同上343頁。
18 ｜ 同上356頁。

さらにこれを政治問題化し、県護国神社における合祀とは直接には関係のない靖国神社法案への反対運動の一環として、Yを訴訟するまでにたきつけ、利用したのが事案の本質である。

V　法多元主義からみた問題点

　以上のように、この事案は、みる角度によって問題の本質が何であったと捉えられるか、紛争の実質的当事者、利害関係人は誰であったとみえるかが全く異なってくる。国と日本社会にいまだ根強く残る権威主義的国家イデオロギーによる個人の信教と良心の自由の抑圧なのか、故人の葬祭をめぐる妻と義父との間の感情的なすれ違いであるのか、宗教団体の政治運動の一環として神道的な要素を持つ親睦活動がやり玉に挙げられたのか。これらの見方は、いずれもそれなりの根拠を有しているように思われ、立場によってどの見方がもっとも本質をついたものであるとみえるかは変わると思われる。ここではその優劣や是非を問うことはせず、法多元主義の観点からの意義を考察することとしたい。

　法多元主義は、人々の集団的活動を調整し、一定の方向性を与えるルールや規範の存在を非国家法として認める。国家によって定められたものでなくとも（少なくとも潜在的には）「法」と認めるということは、関係当事者の合意をその度ごとに必要とせずそれが適用されることを是認することである（個別の合意であれば、それは個別の契約であり、国家法と非国家法における契約法の範囲内で効力を認められることになる）。そして、非国家法の具体的事例における特徴と働き方、また問題点を明らかにしようと試みる。

　以上のような観点からこの事案を眺めるときは、山口県護国神社における合祀と、その前提となった県隊友会の合祀申請という活動は、県護国神社の合祀に関する（戦没者のみを対象としていた従来のものから殉職自衛官も含むとするものに変わった）一定のルールと、県隊友会の組織を定める約款と細則、県隊友会の内規である「山口県護国神社における自衛隊殉職者の奉斎実施準則」に基づいたものであり、その特徴と問題点は何かが関心の対象となる。

　この点、最高裁の判断は、県護国神社の合祀を中心にこれらの私的団体の自主規範の自律性を認めることを含意しており、その根拠は県護国神社による信

教の自由に求められている[19]。一定の集団活動の成否は、その活動を方向づける何らかのルールや規範の実効性に大きくかかわっているが、このような集団活動が内部で維持され、外部からも禁止されないことの根拠は結社の自由に求められ[20]、宗教的結社であれば、宗教的結社の自由は信教の自由の集団的行使とみなされるから、この最高裁の判断は（最高裁によって意識されているわけではないが）、法多元主義からみた場合には当然である。また最高裁は、家族間や私的集団との間での紛争に対して憲法上の権利を直接的に適用することへの限界を示唆した。憲法上の権利の限界設定と、私的集団の自主ルールの優先的適用を正当化するための理論としては、一般的には憲法の私人間適用の可能性における間接適用（間接効力）説といわれているものが用いられ、この事例においては合わせて、異なった宗教的信条を持つ人々の間での寛容が説かれた。

　国家法に常に優先的な適用の資格を認めるのではなく、非国家法の優先的適用の可能性を認め、また社会における異なった価値観とそれに沿ったルール群の併存を認めるべきことを理論的根拠とする法多元主義からは、最高裁のこのような判断は基本的に肯定的に評価される。しかしながら、ここには法多元主義をめぐる、いくつかの問題も存在しているように思われる。

　第一に、事案を率直にみたときに、その関係の憲法上の帰結をいかに考えるかは別として、自衛隊と県隊友会との密接な協働関係は誰にも否定できないと思われることである。仮に、最高裁が行ったように、行為の名義などにのみ着目して、非常に形式的にその協働関係を否定することができるとしても[21]、実質的にはその深い社会文脈的な、またイデオロギー的つながりは否定し去ることはできない[22]。法多元主義は、国家法に還元されない価値観や利益を反映する非国家法が、国家法に優先して適用される余地を認めることによって、社会

19　前掲注4判決288頁。
20　社会分業の必要性と、複雑化した現代社会における社会的結合に不可欠の要素としての私的結社のself-regulationと'law-making'の重要性を論じるものとしてSCHEPEL 2005, pp. 12-15参照。その理論と法多元主義との密接な関係については、Ibid., p. 32を参照。
21　最高裁の推論が非常に形式論に偏っている点については島谷六郎、佐藤哲郎の意見においても指摘されている。前掲注4判決303頁。
22　最高裁が用いた形式的推論と、政教分離についての日本の制度的保障論との関係については、佐藤2011、236-237頁参照。また、この事案において最高裁が制度的保障論を個人の人権侵害に対する司法審査には直接につながらないものと捉えることに対する批判として、井上2003、174-176頁参照。

の多元性を実現しようとする。しかし、このことがときに、国家法によって実質的にバックアップされた特定の非国家法を是認し、それに反対する人々の価値観や利害を押しつぶしてしまう結果ともなりかねない危険に留意すべきである。国家法と非国家法の併存を認めることによって社会の多元性を促進しようとする意図が、国家法と密接に結びつき、しかも国家法では許容されないようなやり方で、国家による社会の一元化を図るような非国家法を是認することによって、むしろ逆効果がもたらされることもある。このような法多元主義の意図せぬ危険は、多くの学者がこの事案を、裁判所や日本社会が多かれ少なかれ共通に示す同調圧力、個人の宗教的自由への無関心や鈍感さをあらわすものとみて、懸念を表明していることの理由となっていると思われる。

　第二に、第一の点とも関連するが、この事案を遺族間での私的な紛争とみた場合には、妻の合祀に反対する思いに対する他の遺族からの配慮がほとんどみて取れないことが挙げられる。夫の父親を中心とする夫の実家の人々は、妻と話し合うことなく、妻の意向を無視してほしいと、妻の頭越しに県隊友会側に要望している。また、自衛隊員が合祀に反対する妻と接したときにも、日本人として夫の合祀を嬉しく思うべきである、名誉なことであると述べて、彼女の考えを否定している。さらに、訴訟提起後には、報道で事件を知った人々から、妻のもとに多数の嫌がらせ電話や嫌がらせの手紙が寄せられ、「お前は悪魔にとりつかれている」、「キリスト教の国へ行け」、「外国に出ていけ」、果ては非国民などといわれて、世間からのバッシングを受けた[23]。このような世間からの非難は、決して極端な右翼団体などからなされたのではなく、世間の常識を代表すると自認するような人々や、あるいはキリスト教徒でもあるよく知られた小説家などからも寄せられたものであった。彼女のように、キリスト教に基づく強い宗教的主張を行い、遺族内で孤立し、裁判所で争うというような人物は、日本社会では少数者に属するというべきであろう。このような少数者に対する世間のバッシングが大っぴらに行われている中で、最高裁が、妻に対して、他者の信仰に対する寛容さを持つことが大事であるとお説教をするということは、どことなくナンセンスである（笹川1988、60-61頁）。法多元主義を論じる場合、しばしば指摘される日本における集団主義的傾向も念頭に置き、その実際

---

23 ｜ 前掲注4判決402頁。Field 1991, pp. 133-136.

上の帰結に留意しなければならないであろう。法多元主義には、社会の中の多数者のみが、少数者の価値観や利益を排除して、自分たちのルールや規範が優先される有利な立場を享受できるという不公正につながりかねない面もある[24]。

　先に述べたように、法多元主義は、人々が、それが国家法であろうと非国家法であろうと、自らの受容する合理的な規範や秩序に従って、行為を調整し、一定の意義ある社会的協働を成し遂げることができるという可能性を肯定的に評価する。人々は社会の中で他者とのコミュニケーションや協働を欲するが、そのためには一定のルールが必要である。そのようなルールに従うことは自由を拘束する強制ではなく、自由で自発的なコミュニケーションの条件である。強制ではなく、自由な活動の促進を理念とする法多元主義の実現においては、私的な団体活動や自主的ルールを装った国家的イデオロギーの押し付けや、多数者による社会「常識」の少数者への強制は、逆効果を伴い、本来の意図である多元的価値観の共存を不可能にしてしまう。法多元主義は、理念としては多元的規範の共存による多様な社会協働の道を開こうとするものであるが、現実としては社会的強者や多数者支配に陥りやすいことは指摘されなければならない。しかし、このことは必ずしも法多元主義に特有の問題ではなく、例えば、多様な利害を反映する仕組みが目指されながら、多数者支配に陥りがちな民主主義にも同様の困難があり、究極的にはこのジレンマは、人間が個人でありながら社会的関係の中でしか生きられないこと、他者と共に生きる限りは他者からの影響を排除することはできないこと、その影響の中には個人にとって望ましいものもそうでないものも含まれざるを得ないという、社会的生の現実に由来する。確かに法多元主義は、人々の社会的コミュニケーションのツール、集団的活動の促進という役割に注目して、国家法と非国家法の間に「法」としての連続性を見出すものであり、原子論的個人主義やそこから導き出されるようなタイプの権利論を支持しないから、その意味では厳格な個人主義的リベラリズムからみれば集団主義の危険を冒すものとみえるかもしれない。しかし、個人主義的リベラリズムにはまたそれ自身の問題もあろうから、本来の意図にそぐわない、陥りがちな問題点を認識しつつ、法多元主義の立場を支持すること

24　町内会の自治活動としての日の丸掲揚促進が、少数派住民への同調圧力となる例について井上 2001、35-41 頁。

は可能であろう[25]。

Ⅵ　法多元主義からみた問題解決への示唆

　それでは、私的集団活動における自主規制や自主的ルールが、より適切に機能するための条件とはいかなるものであろうか。具体的には、自衛官合祀の事案において、県隊友会の合祀申請と県護国神社における合祀を導いた「奉斎実施準則」や合祀の儀式などが、当事者、利害関係人の活動目的の実現や行為調整の方法として、より合理的に機能し、紛争を解決する、あるいは潜在的紛争を顕在化させないような「法」としての役割を果たすためには、いかなるものであるべきだったのであろうか。この問いに答えるためには、法多元主義から得られる三つの示唆が有用である。

　第一に、この事案における最大の問題は、先にも述べたとおり、国家機関である自衛隊と私的集団である県隊友会との関係があまりにも近すぎる、ということであった。その結果、自衛隊は、（形式的には）県隊友会の活動を通じて、遺族間には決して珍しいことではない故人の葬祭の仕方をめぐる、しばしば非常に感情的で深刻になりやすい争いに巻き込まれることになったのである。県隊友会が、「国家」神道とは距離を置いた、危険な職務に従事することの多い自衛官とその家族相互の親睦団体で、殉職した自衛官の慰霊のため、遺族の要望を実現しようと活動する、より「私的」な団体であれば、「遺族のために良かれと思って」定めたという、その自主ルールの合理性や正当性はより高いものとなったであろう[26]。

　第二に、仮に最高裁の述べるように、自衛隊と県隊友会の協働関係が憲法上は無視できるほど些細なものであったとしても、県隊友会の自主的ルールである準則には不十分な点があった。すなわち、この準則は、合祀に賛成する遺族

---

25 リベラリズムと法多元主義の複雑な関係と、個人主義を基礎としたリベラリズムが法多元主義と対立することについて Michaels 2014, pp. 125-130. 本書第 1 章Ⅴ「法多元主義における記述と規範」41-42 頁も参照。

26 バーマンは、抵触法における法多元主義的観点を反映した community affiliation analysis を用いて、ある集団活動に国家がかかわっている度合いに応じて、その集団活動の非国家法的プラクティスにおける裁量の余地は変わる、国家の関与が強ければ強いほど裁量の余地は少ないことを論じる。Berman 2016, pp. 162-163.

のみを想定しており、反対する遺族がいるかもしれないという可能性を考慮していないものであった。もし、遺族の中にも考え方の違いがあるかもしれないことにあらかじめ配慮があれば、その場合にはどのように対応するか、残された配偶者の意思が優先されるのかどうか、寄付者の名前をどうするかなどについての、より整備されたルールが定められなければならなかったであろう。

　しかし、国家法であっても、欠陥もあれば、具体的事例にはそぐわない場合もあり、その洗練度は一様ではないであろう。私的集団の自主的ルールであれば、いっそう、最初から完成度の高いものを期待することはできず、それができなければルール形成自体をあきらめるとなれば、活動をスタートさせることができない。したがって、自主的ルールや自治規範が人々の行動に対する合理的なガイダンスとして「法」らしい機能を果たすためには、最初は欠陥の多い、適用されるべき事案の幅の狭いものであっても、徐々にその欠陥が是正され、修正されていくような制度的枠組みが備わっていることが必要である[27]。これは三つ目の示唆である。法多元主義は、非国家法の在り方を論じるにおいて、主に手続的な制度設計の必要性を強調する[28]。多様な価値観の共存を念頭に置く法多元主義においては、非国家法が適用される集団において、他の活動との衝突を避けるために、包括的すぎない、限定された活動目的が共有されていることを前提に、一定の実質的価値観の表明ではなく、手続的な保障を用意することが現実的で有用であると考える。法多元主義で論じられる手続的ルールの有効例としては、例えば、コーポレート・ガヴァナンス・コードの領域で論じられる、取締役の報酬の公開制度の採用に代表されるように、情報公開制度が挙げられる。しかし、より一般的には、何らかの紛争解決手続、異議申立手続が用意されていることが重要であろう。異議申立に対応する制度があれば、予想されなかった問題を個別的事案において認知し、その時点での一応の対応を協議することと、今後の予防策を準備し、ルールの洗練を図ることができる。ここで異議申立や紛争解決制度というのは、裁判所のような制度のみをいうの

27　これは、'rough consensus and running code' といわれる考え方である。Calliess & Zumbansen 2010.

28　国家外の法―規範的レジームにおいては、国家の憲法に基礎づけられた正統性から、プロセスと手続に依拠した正統性への移行が強調されることについて、Paiement 2013, pp. 198, 203, 213.

ではない。それは、よりインフォーマルなものや初歩的なものでもよく、何らかの理由で自主的ルールによって不利益を受ける利害関係人の声を聞くことによって、ルールの対応能力を高めていくことに資するものであればよい。自衛官合祀訴訟の事案においては、遺族に反対を表明するための手続的機会がなかったのみならず、反対者のいることが想定されておらず、異議を受け付ける姿勢がそもそもなかったことにより、活動の正当化を図ろうとする自衛隊員側の強引にもみえる言動が生じ、紛争を大きくしてしまったのである。

　結論をまとめよう。私的団体の活動における自主的ルールや自治規範が、国家法の外で適切に人々の集団的活動を導き、潜在的紛争を顕在化させず、また生じた紛争に対応するためには、①私的団体の国家からの十分な自律[29]、②期待される事案だけではなく、あり得る例外的な事案への対処を念頭に置いた整備されたルール、③異議申立に対する（個人的、感情的な個別対応ではない）手続的備え、が必要である。これらの条件は程度問題のところがあり、完全に充足されていなければ人々は活動できないというわけではない。しかし、自主的ルールが、契約当事者や、そのつどの合意を与えた利害関係人の範囲を超えて、たとえ活動に賛成しない人がいても、活動を実現するための法として有効に機能することができるためには、これらの要件が最小限充たされる必要がある。以上が、自衛官合祀訴訟を例に、日本社会での法多元主義の課題と示唆を分析した結論である。

---

29 | 企業や私的集団による社会分業が適切に行われるためには、国家による集団の適切な規制と同時に、両者の自律性の確保が必要である、とされる。どちらかがどちらかに従属することは避けられなければならない。Cf., SCHEPEL 2005, p. 13.

第 5 章

法多元主義の組織論

I　はじめに

　本書では、第 1 章で「法多元主義概論」と題し、法の理論と現状において、国家法と非国家法の併存を認める法多元主義の現代の議論を概観した。第 2 章において、ルールの体系として法を論じるハートの法実証主義理論を出発点とし、その批判と再構築の試みを通じた法多元主義論の展開を論じた。第 3 章、第 4 章においては、それぞれ福祉国家論と、憲法訴訟となった自衛官合祀事件を法多元主義の観点から捉え直してみた。第 1 章、第 2 章は理論的・総論的な分析、第 3 章、第 4 章は事例的・各論的なものを素材とした。最後に本章で、これまでの議論を踏まえて、再度、法多元主義について理論的な考察を加えたい。

　本章では、組織論の観点から法多元主義を論じ、第 1 章から第 4 章までの議論についても、組織論の観点からその特徴を再度整理することとしたい。

　法は国家法だけではなく非国家法も含むとする法多元主義においては、国家ではない何者かが法の生成や実施にかかわると考えることになる。神が自ら法を作り、実施するという考え方は、宗教法の場合を除いて、現代法の理論としては想定されないであろう。また、個人が単独で存在する場合には法を作り出すこともないであろう。第 1 章の III 「法多元主義における『法』」において論じたように、法は集団活動において生じる社会的規範の一つである。法多元主義において注目される非国家法は、インターネット法、国際取引や国際金融における自主規制、赤十字や国境なき医師団などのグローバルな非政府組織（NGO）の組織・活動規定、スポーツ法、ISO14000 の国際規格、遺伝子治療に関する「ヒトゲノムと人権に関する世界宣言」、世界保健機関（WHO）による

ガイドラインなど多様であるが、本章ではこれらの非国家法の背後に存在する社会集団、すなわち「組織（organization）」について、考察を加えたい。

　以下では、Ⅱにおいて、文化人類学、法社会学を背景として非国家法についても論じているタマナハの「組織論」を紹介し、検討する。タマナハは、自身の法理論を支える組織論を、ハートの「ルールの体系としての法」の理論には欠けている、現代法の重要な要素として論じている。Ⅲでは、現代における非国家中心的組織の拡大現象を分析し、国家中心主義的見方は今日ではもはや通用しないとする、グローバル・ガバナンス論の泰斗であるジェームス・ローズノーの組織論を紹介し、検討する。ここでは、非国家中心的組織と国家中心的組織との関係、国内非国家中心的組織とトランスナショナルな非国家中心的組織との関係が分析されている。最後にⅣにおいて、タマナハ、ローズノーの検討から得られた知見が、本書の第1章から第4章において持つ含意を整理して、終える。

Ⅱ　タマナハの組織論

1　タマナハの組織論とハートの「ルールの体系としての法」

　タマナハは、人間の社会生活において、19世紀以降、急速な組織化が進み、20世紀になってそれが多様化し、現代では我々の生活のほぼ全域が組織によって担われるに至っていると指摘する（TAMANAHA 2017a, pp. 118-119）。現代人の多くは都市生活を営んでおり、その割合は増加する一方であるが、都市生活は電気、水道、自動車、道路、通信、ごみ処理などの生活必要事項は全て組織の運営に担われている。人々は組織の中に生まれ落ち、組織によって食を提供され、組織によって教育され、組織に雇われ、組織によって娯楽を与えられ、死の際にも組織によって葬られる。我々は組織の社会に生きている（*Ibid.*）。

　タマナハによれば、このような組織の特徴は、特定の活動目的に従って機能的に差異化されているところ、また上意下達式の官僚的な構造を有しているところにある[1]。また組織には各行政組織に代表されるような公的なものもあれ

1　これに対して、Drori & Meyer 2006, pp. 35-37 のように、かつてのウェーバー的な官僚組織と、現代の社会的に埋め込まれた組織との違いを強調する立場もある。

ば、会社に代表されるような私的なものもある。

　また、これらの組織は法によって動いている。国家組織は、憲法や行政法の授権がなくてはならない。株式会社も、会社法による法人化が前提となっているだけではなく、その資金調達は、株式市場の法的整備によって支えられている。また、国家組織も会社も、組織内のルールや様々な規制や標準的行動指針・手続やコミュニケーションの様式などによって実際に動いている。これらの背景にはそれぞれの組織の歴史や文化が存在し、その在り方に影響をもたらしている[2]。

　このような行政組織や会社組織を創設する、あるいは授権（enabling）する、あるいは終了させる法は、社会における組織の重要性が増せば増すほど、その重要性が増すものである。タマナハによれば、このような組織創設の法、授権の法、組織終了の法は、特別なタイプの法である。タマナハの挙げる例は、「The Society for Establishing Useful Manufactures（有用製造業の創設のための協会）」という名の会社創設に関する、1791 年の New Jersey Act of Incorporation（ニュージャージー法人設立法）や、連邦準備銀行（Federal Reserve Bank）を創設した 1913 年の連邦準備法などのアメリカの古い法であるが（Tamanaha 2017a, pp. 122, 125）、我が国でいえば日本電信電話公社の民営化に際して、1984（昭和59）年の「日本電信電話株式会社法」（現在は、「日本電信電話株式会社等に関する法律」「NTT 法」）1 条が「日本電信電話株式会社（以下「会社」という。）は、……これらの株式会社による適切かつ安定的な電気通信役務の提供の確保を図ること並びに電気通信の基盤となる電気通信技術に関する研究を行うことを目的とする株式会社とする」と定めたり、原子力規制委員会設置法 1 条が「この法律は、……確立された国際的な基準を踏まえて原子力利用における安全の確保を図るため必要な施策を策定し、又は実施する事務（……）を一元的につかさどるとともに、その委員長及び委員が専門的知見に基づき中立公正な立場で独立して職権を行使する原子力規制委員会を設置し、もって国民の生命、健康及び財産の保護、環境の保全並びに我が国の安全保障に資することを目的とする」などと定めたりする例が同様に挙げられるであろう。また、歴史的な

---

2 ｜ Tamanaha 2017a, pp. 119-120. 秩序を作り出すものとしての組織と文化との違いについては、Ahrne & Brunsson 2006, pp. 77-79.

組織終了の法の例としては、タマナハは、19世紀半ばまで、イギリスでは離婚は裁判所ではなく議会が制定する法律（private act）によってのみ認められたという例を挙げている（*Ibid.*, p. 123）。

このような組織創設や組織終了の法の特殊性は、ハートのルールの体系としての法からは説明できないところにある。つまり、ハートの法理論には、組織を生み出し、あるいは組織を終了させる法の機能を説明する道具立てが欠けており、それが彼の法理論を、組織の重要性が格段に増大した現代の法状況を説明するには時代遅れなものとしている、とタマナハはいうのである[3]。

ハートの法理論は、法は社会秩序を維持するためのルールであり、それは一次ルールである義務賦課ルールと、義務賦課ルールに関するルール、すなわち義務賦課ルールの変更・裁定・承認に関するルールである二次ルールから作られているとする（HART 2012, ch. 2. 邦語としては、ハート 1976、ハート 2014 を参照）。しかし、タマナハによれば、組織創設や組織終了の法は、第一にルールではない。また第二に、二次ルールでもない。

第一に、ルールが社会秩序を維持することができるのは、それが前もって、一般的に決められているという性質を有するからである。そうでなければ、人々は自分の行為の法的結果の予測に従って選択することが不可能だからである[4]。しかし、組織の創設を定める前述の法は、一般的にではなく、個別の組織を、特定の目的を持って作り出すものである。それは、過去の行為の法的結果ではなく、その時点から、ある組織が存在するに至ることを宣言するものである。あるいは、組織の終了を定める前述の法は爾後の個別の組織の終了を宣言するものである。だから、ルールではない（TAMANAHA 2017a, pp. 121-122）。

第二に、組織を生成させ、その組織に特定の活動目的を与え、目的達成のための様々な手段を与える法は、一見、二次ルールにおける権能付与ルールのように思われるが、タマナハによればそうではない。確かに、組織の創設を行う法は、その組織がどのような法的義務に服するかという一次ルールや、どのような権利を有するかに関する二次ルールをも含むであろうが、組織を存在に至

---

3 │ *Ibid.*, p. 126. 国家法中心主義的であることも含め、タマナハの従来のハート理論の批判の要点とその評価については、Hasegawa 2017, p. 63.
4 │ ハートのルール論の基本的内容と、その開かれた性質、ルール懐疑主義からの批判については、BAYLES 1992, pp. 85-94.

らせる宣言を行う法そのものは、どちらでもない。ハートは、二次ルールを一次ルールに関するルールであるとするが、組織の創設行為は、義務賦課ルールと全く独立しており、義務賦課ルールに関するルールではあり得ない。

　ハート理論において、一次ルールは、人々の関係性を定めるルールであり、二次ルールはそれら一次ルールの変更、その具体的適用にかかわる裁定、その法的妥当性の承認にかかわるルールである。二次ルールが権能付与ルールといわれるのは、立法府や契約当事者に既存の一次ルールによる権利義務関係の変更を行う権能を与え、裁判所などに法適用の権能を与え、公務員（officials）に自らの公務遂行の法的根拠を与えるからである。しかし、新たに組織を作る法は、人々の間での関係性を定めるのでもなく、変更・裁定・承認の権能を付与するのでもなく、またそれらの作用により社会関係を秩序立て、統制することにもかかわらない。一次ルールや二次ルールは、既存の社会関係があるときに、契約などによりその関係を定めるが、全く新たな、特定された目的を持った活動主体を創設すること自体は、一次ルールでも二次ルールでもない。また、ルールでもない。これが、タマナハの法理論における組織論の要旨である。

2　1の検討

　タマナハは、組織を創設し、または終了させる法の特殊性を指摘した後、ハートのルールの体系としての法理論に代えて、法の二類型の理論を展開する。しかし、まずは、タマナハによるハート理論への批判の含意を考察しておきたい。

　タマナハ自身が述べているように、組織の創設や終了を宣言する法は、一見ハートの権能付与ルールであるようにもみえる。権能付与ルールは、人々が、政府から法的義務を付加されるだけの受け身の存在ではなく、自ら法的な関係性を他者と取り結び、法を用いて能動的に活動することを可能にするものである（Tamanaha 2017a, p. 122）。このような権能付与ルールの創造的な機能は、特定の社会問題領域に対応する活動目的を措定した、何らかの組織を形成することによって、人々の活動の手段と幅を広げることと密接な関係を有しているようにも思える。しかし、タマナハは、「しかし、このこと〔権能付与ルールが人々に他者との法的関係を自ら形成するための手段を与えること〕は授権法が実現

することを捉えてはいない」（*Ibid.*〔 〕内は筆者による補足）という。なぜであろうか。

　確かに、ルールがあらかじめ一般的な要件効果を定めたものであるとすると、「今この組織を作った」という法は、その個別性と、要件効果ではない自己言及的宣言性からルールとはいえない。しかし、それだけならば、タマナハはハートの二次ルールが、実はルールではないものをも含むと修正するだけで足りると思われる[5]。

　また、タマナハは、組織の創設を宣言する法は、一次ルールと全く独立しており、ハートが定義する「一次ルールに関するルール」としての二次ルールに含まれ得ないとする。しかし、一次ルールの変更や裁定にかかわる立法府や裁判所に権能を付与する場合、それは組織の創設に関する法をも含むのではないだろうか。「国会は、国権の最高機関であって、国の唯一の立法機関である」とか、「すべて司法権は、最高裁判所及び法律の定めるところにより設置する下級裁判所に属する」という法は、ハートが想定する立法府や裁判所への権能付与ルールの典型ではないかと思われるが、これは唯一の立法機関や、審級制の裁判所の創設の宣言を含んでいる。つまり、ハートのいう二次ルールには組織の創設を行う法はおよそ含まれない、とはいえないように思われる。いえることは、一次ルールの変更にかかわる立法府や、裁定にかかわる司法府以外の組織の創設が、ハートの二次ルールにおいては想定されていないということだけではないか。そうであれば、タマナハは、ハートの二次ルールに含まれる組織創設機能を、典型的な国家機関である立法府や裁判所だけではなく、現代の多様な行政組織や、企業やNGOなどの私的組織にも当てはまると拡大的に修正することを提案すれば足りる[6]。

5 　このような修正の方向性は、ハート自身によっても、ルールを補充する彼の「裁量論」において、少なくとも潜在的には示されていたと考えられる。Hart 2013, pp. 652, 655-656, 660, 661, 665. この論文の執筆と発見の経緯については、Shaw 2013, p. 666. また、ニコラ・レイシーは、ハート自身によっては裁量論が諸般の事情から十分に展開されるには至らなかったが、ルールを超えた裁量がどのような制度設計において行われ、また専門家による裁量の実践がどのようなものであるかを社会学的に研究するタマナハ、トワイニング、コットレル、自身の試みに受け継がれているとする。Lacey 2013, pp. 644-651. より詳細な内容については、本書第2章Ⅲ2の注8（本書66頁）を参照。

6 　ハートのルール理論の射程については、Green 2012, pp. xxiv-xxvii、グリーン 2014、434-439頁参照。

以上のことから、ハートのルールの体系論には、組織の創設や終了を宣言する法の観念が全く欠けているために、現代の組織社会を説明するには不十分であるとするタマナハの批判に対しては、全面的な説得力は感じられない。ハートの二次ルールには、その権能付与ルールには、組織の創設や終了を可能とする法の観念が少なくとも萌芽的には含まれていると考えられるからである。

　しかし、タマナハのハートに対する批判から読み取るべき重要な示唆について、ここで二点を挙げておきたい。

　第一に、組織に関する法理論においては、法をルールに還元することはできない、とするタマナハの批判の含意についてである。この批判からは、組織が意図的・人為的に形成されることをタマナハが重視していることを読み取るべきであろう。爾後この組織を作る、あるいは無にすると宣言する法は、ルールが事前に一般的に定められた要件効果の形式をとることと対比すれば、いわば無条件・無要件で効果のみを宣言する。そこでは、「○○だから、○○という結果になる（べきだ）」という要件効果的なルールにおいて、少なくとも暗黙的には前提にされているルールの実質的な理由には言及されない。「このような組織を作る」という法には、もちろん組織を作ることにより対処しようとする問題や活動目的が前提とされており、多くは目的条項や設立趣旨に示されているであろうが、それは一般的な要件効果の形では示されることがない。なぜ今作るのか、なぜ他の組織ではなくてこの組織なのか、などは説明されない。ただ、意思が示されるだけである。タマナハのいうように、組織の創設自体は自足的なもので、他者とどのように関係するか、社会秩序においてどのような意味を有するかは、また別の問題である。自然人においては、「私権の享有は、出生に始まる」ように、存在に至ることが絶対的意味を有する。組織においても同様に、存在に至ることが絶対的な始まりとなるが、その始まりが自然人の場合とは違って、人為による点が重要である。後にみるように、タマナハは組織について、その人為性や操作性という、政治的な側面に関心を有しており、ルールによる一般性や正義や秩序の維持という側面を強調しがちな従来の法理論に対して一石を投じようとする含意があると思われる[7]。

7　｜　コットレルはハートのルール理論は、法的ルールとゲームのルールのアナロジーから出発しているため、法的ルールの社会性や政治性を十分にあらわさないものとなっている点が欠点

第二に、組織の創設法を権能付与ルール・二次ルールに還元することはできないとする批判の含意である。既述のように、筆者自身は、権能付与ルールの内には少なくとも萌芽的には組織創設法が含まれていると考えるが、タマナハの主眼は、組織の増大と多様化を支える法の機能と役割の拡大を追求するところにあると思われる。三権分立に則った近代的な国家法理論においては、法的組織といえば、まず国家であり、また国家における立法組織、裁判組織、行政組織であった。また、これらは階層的に一元化されていると考えられた。しかし、現代社会では、行政組織の拡大や、企業による組織化、半官半民や民間団体による多様な活動領域の組織化が進んでいる。国家法の一元的な体系においては存在不可能な、多元的な組織が、「法」を用いて活動している。その活動分野は、従来の国家法の役割とされていたものをはるかに超えて広がっている。第3章でみたように、行政国家・福祉国家の展開は、国家の仕事を拡大したが、いまや国家以外の多様な組織も、環境やスポーツや医療や食料や人権にかかわる各分野において活動している。また、これらの活動分野のいくつかは、インターネットなどにみられるように、従来の社会では存在さえしなかった問題領域である。このように新たな活動領域の発見・生成における組織的対処は、もはや国家組織によるのみでは不可能であり、非国家的な多様な組織による対応が必要である。国家法を中心的法事例と考えていた従来の法実証主義においては、非国家的組織への権能付与の重要性が意識されていなかった点が、タマナハによるハート批判の要点であろう。権能付与といえば、付与する主体と付与される主体が想定されがちで、国家組織が非国家組織に委託するイメージがあるかもしれない。しかし、タマナハのいうように、組織創設は、自己言及的、自己認識的である。憲法41条、76条でみたように、国家組織でもその創設は自己言及的である。したがって、ハート理論の修正の方向は、この自己創設的な権能付与規範を国家組織においてだけではなく、非国家組織においても認めることではないかと考えられる。

　タマナハによる「ハートの法理論には組織創設や組織廃止の法が含まれていない」という批判と、「組織創設や組織廃止の法は一般的ルールではなく、承

であると批判している。Cotterrell 2015, p. 314. ハート理論におけるイデオロギーへの無関心さの指摘については、Shimazu 2017, pp. 55-56 も参照。

認のルールに基づくルールの体系や既存の法秩序の中には含まれず、自己言及的で無条件的である」という理解は、国家法の場合よりも非国家法の場合に、よりその意義が理解しやすくなるのではないか。換言すれば、国家における承認のルールが想定されやすい国家機関の創設や議会の立法による組織創設についてよりも、国家法による承認のルールが全く存在しない場合でも、非国家的組織が形成され、非国家法が生み出される契機を説明するときに、タマナハの批判の含意はより明瞭になるのではないであろうか。つまり、国家法の体系やその承認のルールには基づかない、非国家的組織の出現とそこにおける非国家法の存在を認める法多元主義において、組織創設規範の非体系性・独自性を強調するタマナハの理論は、より大きな意義を持つと考えられる。

3　タマナハの「法の二つの志向性」

　比較的単純な社会では、人間の相互交渉を可能にするための信頼は、対面関係と評判によって基礎づけられていた。しかし、今日の都市生活においては、組織とそこにおける法的な構造化が人々の信頼の基礎となっている、とタマナハは論じる（Tamanaha 2017a, p. 148）。ヘンリー・メインは、19世紀半ばの自由主義的個人主義の理念が隆盛した時代に、「身分から契約へ」と社会は移行すると告げた。いまや、社会はより進んで、当事者の契約からもっと集団的に広がった法の織物を作り上げるに至っている。それは、①法を用いる組織の多様化と増大、②約款の広範な使用（一見当事者の個別的契約にみえても、その契約は雇用でも運送でも投資でもクレジット契約でも、全て法的な規制や業界慣行や技術的条件により標準化されている）、③法における標準化の傾向（各事業における約款がコピー＆ペーストしたように同じような条項と内容を含むものになっていること）、④道具主義的で統治的な法使用（環境規制や品質規制や技術規制や保険と補償の制度化に法が用いられること）、⑤時とともに社会の中で諸法の結合や相互補強関係が強まっていくこと（例えば、社会的必要から生まれた抵当の仕組みが今や不動産金融の不可欠の要素となっていることなど）により特徴づけられていると、タマナハは論じる（Ibid., p. 139）。

　これらの特徴を有する法は、組織的活動を効率化し、促進することに役立っている。タマナハは、ハートの一次ルールと二次ルールの体系としての法の描

写に代えて、ⓐ社会的交渉の基礎的ルールとしての法とⓑ統治目的と関係する法を、法の二つの志向性として描いている（*Ibid.*, p. 127）。組織的活動を支えるのは、ⓑに属する法である。

ⓐの法は、家族関係や所有権の帰属や効果や不法行為や犯罪の処罰に関わる、従来から我々がよく知っているタイプの法で、人々の社会的関係性や権利義務に関する諸ルールを定めるものである（*Ibid.*, p. 195）。

これに対して、ⓑの法は、ⓐとは異なり、政府を含む組織の活動に関わるもので、タマナハはこれをさらに組織維持のための法、組織内統制のための法、組織目的達成のための法の三種類に分けて論じている。そして、この法は上の1、2でみたように、ルール形式には尽くされない法的宣言や個別指令やガイドラインを含む（*Ibid.*, pp. 130, 132）。

組織維持のための法とは、組織を成立させるための資金確保や人員統制のための法であり、国家であれば税制や徴兵制が法的に整備されるとともに、国家反逆罪の取締などが法によって行われる。非国家的組織においても、自発的な資金提供などを促す仕組みが必要である。組織は自己保存的傾向を持つため、組織が標榜している目的を実際に果たしているか否かにかかわらず、組織はこの自己維持のための法を備え、実施する（*Ibid.*, p. 129）。

組織内統制のための法とは、組織を作ったり、組織再編を行ったり、組織の内部機関の担当を定めたり、それらの間の関係を定めたり、予算の使用方法を決定したりする法である。政府においても企業においても、このような組織内統制のための法使用が認められる。1でみた、組織創設の宣言の法も、ここに含まれる（*Ibid.*, p. 130）。

組織目的達成のための法とは、社会領域で何らかの特定の目的を組織を通じて達成するための法である。この目的には、教育や公衆衛生や薬物使用防止や電気水道ガスの供給や輸送や安全など、組織が目的を追求できるありとあらゆるものが含まれるが、政府の場合であれば、各集団の利益を超えた公共の福祉や共通善のためとして正当化されるのが通常であるとされる。政府がこのような目的達成のために用いるのは、喫煙を減らすために税を高くするとか、健康保険を強制するなどの方法が代表的であるが、このような法の道具主義的な使用は、19世紀以降増大して現代では普遍的なものになっている[8]。

税が組織維持のためにも組織目的達成のためにも用いられるという説明から理解されるように、これら三つは互いに排斥し合うものではなく、重なり合う形で組織により用いられるとされる。

4　3の検討

　タマナハの以上の「法の二つの志向性」論には、ハート理論は@の、社会的交渉における基礎的ルールとしての法を中心に構成されており、⑥の、組織とその統治目的に関係する法については、その一部しか説明することができないため、組織法の時代である現代には不十分なものとなっている、という批判が含まれている。

　筆者自身は、タマナハの@社会的交渉における基礎的ルールは、ハートの一次ルールと重なり、⑥組織法については、一次ルールの制度化としての二次ルールと重なり、タマナハがその特殊性と重要性を強調する組織創設や終了の宣言を行う法も、二次ルールの中に読み込むことが、少なくとも萌芽的にはできると考える。そのため、タマナハの法理論がハートの法理論と根本的に異なっているとまでは考えないが、確かにタマナハにはハートにはない視点の強調がみられる。また、それは、本書の観点からは重要な視点である。

　第一に、既存の社会関係を前提にし、その調整や統制の手段としてのみ法をみるのではなく、社会問題への対処のために新たな組織を作り出す人々の能動的な活動を支えるものとしての組織法に注目していることである。

　第二に、その組織が、国家組織に限られていないことである。タマナハは、本書の法多元主義の立場のように、トランスナショナル・ローといわれるようなものを広く法とみることには、法の概念の過剰包摂になるという理由から反対している（TAMANAHA 2017a, pp. 43-46, 191）。しかし、自己の法理論は、国家法を孤立的にみるのではなく、歴史的に法と呼ばれてきた非国家法や現在の国際法を含め、法を社会の現実の中でみて、そこにおける多様な法の形式と変遷を見据えようとするものであることを自認している（Ibid., p. 150）。また、タマナハ

---

8 ┃　Ibid. この点、タマナハは主として法を、政府組織による公共の目的達成の手段とみるが、トランスナショナルなビジネスにおいて、公的な法的権威によって作られたものではない標準契約などについても、law または transnational law と呼ぶことがある。Tamanaha 2017b, p. 43.

は例示としては多元化した政府組織を挙げることが多いが、組織法の使用の実態は、政府組織のみならず、非国家組織にも同様に当てはまる。社会の組織化と、企業なども含めた組織法の非国家法的利用が果たしている大きな役割について、タマナハからはハートの国家法的法実証主義においてはみることのできない視点を得ることができる。

第三に、組織目的への注目である。タマナハは、「機能的に差異化された」（*Ibid.*, p. 130）あるいは「機能的に施行された」（*Ibid.*, p. 192）組織という言葉を用いているが、ここでの機能的ということの意味は、環境、医療、社会福祉、教育などの組織の特定目的のために役立つことを指している。そして、このような機能が法において多様化し、拡大していることを現代法の主要な特徴としている。

第四に、組織法において組織維持のための法に言及する際にみられるように、タマナハには法の政治的な要素、権力的な要素、したがって、場合によっては法が不正に使用される誘因があることへの注意喚起がみられる。また、法が必ずしも一般的ルールではないことの指摘は、法が恣意的意思の産物である可能性の指摘を含んでいるように思われる[9]。

このように、タマナハにおいては、組織論としての法は、我々の活動範囲を広げ、社会問題への対処の可能性を開く道具であるとともに、このような法が濫用され、その標榜された目的を達しないばかりか、特殊利益の偏った保護に堕する危険性についても考えさせる契機を含んだものといえる。

Ⅲ　ローズノーの組織論

1　組織数の増大と世界政治における二つの世界

本節においては、グローバル・ガバナンス論の著名な学者であるジェイムズ・ローズノーの組織論を紹介し、検討を加える。

ローズノーの組織論の一つの特徴は、具体的データに基づいて、現代世界における組織的活動の拡大と態様を描き出している点である。

9 ｜ タマナハのような法への社会史的アプローチは、法の抑圧的で紛争誘発的な側面を描き出すことができることについて、Nakayama 2017, pp. 59-60.

ローズノーは、20 世紀後半に人口が爆発的に増大し、現在（ローズノーの執筆当時の 1995 年）50 億に至り、2025 年には 80 億に至ると予測されている世界では、これらの増大する人々が、日々の生活における問題と機会に対処していく際に他の人々と協働する仕組みとして利用する組織の数の増大も、また注目されるべき現象であるとする。「より多くの人々が、その必要と欲求を満たすためにより多くの組織を必要とする。実際、人々の必要と欲求は組織的活動を通じて最も効率よく表現されるため、我々の時代における組織の爆発的増大は、人口の爆発的増大に劣らない重要性を有する」（Rosenau 1995, p. 371）。グローバル・ガバナンスにおいても、意思決定の場所ともなり、他者による意思決定に対する抵抗の場所ともなる組織は、生活のあらゆる局面で、あらゆる場所において存在するに至っており、世界の複雑な構造を形成する主要な要因となっているとされる。

　ここでローズノーが考察の対象とする組織とは、国家組織とともに、グローバル化と社会の複雑化に伴い、国家組織が人々に協働の手段を十分に与えることができなくなった問題領域で増大している非国家的組織を含む。現在世界に存在する国家組織は 200 ほどであるが、この国家組織の数自体も 20 世紀後半の冷戦の終焉により増大している。これらの国家組織はほぼ全て、国家を超えた国際的世界の中で他の国家との関係を保ちつつ存在している。国境を越えて活動する組織は、国家が形成する場合と、非国家的に形成される場合がある。自身も 1907 年に創立されたトランスナショナルな非国家的組織である、インターナショナル・アソシエーション連合（The Union of International Association）が公刊している年次報告である *Yearbook of International Organization* によると、国連を含めて、国家が主体となって作った国家間組織（①）の数は、1909 年には 37 であったのが、1981 年には 999、1992 年には 4,809 と増大している。これに対して、国家でも国家間組織でもない非国家的組織であって、かつ国内ではなく国境を越えてトランスナショナルに活動している組織（②）の数は、1909 年には 176 であったのが、1981 年には 9,791、1992 年には 18,327 となっている（*Ibid.,* p. 380）。また、1992 年において、国家間組織（①）と、地方公共団体などの国内組織で国境を越えて活動をしているもの（①′）を合わせると 4,878 である。これに対して、前述のトランスナショナルな非国家的組

織であって、国境を越えて活動しているもの（②）に、基本的には国内の非国家的組織ではあるが、国境を越えた活動にも携わっているもの（②′）を加えた数は 27,190 である。ローズノーが拠っているのは 1992/1993 年版の年次報告であるので、最新の 2016/2017 年版のもので確認してみると、1992 年において 4,878 であった、国家間組織（①）と国際的に活動する国内地方公共団体など（①′）は、7,657 に増大している。これに対して、1992 年に 27,190 であった、トランスナショナルな非国家的組織（②）と、国境を越えた活動に携わる国内の非国家的組織（②′）は 60,919 に増大している（Union of International Associations 2016）。組織の数は、いつ組織が始まったか、いつ解散したか、現在も実動しているのか、一つの組織なのか二つ以上の組織と数えるべきなのか、また単純に存在が知られなかった場合があるなどの問題があるため、国家のようにかなり明確な基準があり公知であるもの以外は正確にはわからない部分がある（Rosenau 1995, pp. 377-379）。とはいえ、インターナショナル・アソシエーション連合は組織の認定や数え方についての基準を備えており、国連からも認められている実績のある情報収集組織である。国家間組織の増大の傾向、また非国家的組織の著しい増大、特に近年においてその増大の率がますます大きくなっている傾向については、間違いのないものといってよいであろう。

　このような組織増大に関する数値データを示しつつ、ローズノーは非国家的組織の近年の拡大に注目する。これらの非国家的組織は、規範やルールや諸原則によって構成されており、自らの活動空間、世界を形作っている、とする。ローズノーにおいては、ここで言及されている「世界」とは、完全に一国閉鎖的なものは含まず、何らかの形で国境を越えた広がりを有している空間を指していることに注意が必要である。グローバル・ガバナンス論の観点から、彼が分析の対象として念頭に置いている組織は、何らかの形で国境を越える活動を行っているものに限定されている。そしてこの、国境を越える拡がりを意味する現代の世界を、国家組織により形成されている「国家中心的世界（state-centric world）」と、これらの多様な非国家的組織により形成されている「多中心的世界（multi-centric world）」の二つの政治世界に分け、これら二つがときには協働し、ときには競争し、そして常に相互作用していると彼はみる（*Ibid.*, p. 373）。

以下、ローズノーの二つの政治世界の対比を順にみてみよう。

　国家中心的世界においては、主要な目的は領土保全と身体的安全であるのに対して、多中心的世界においては、（トランスナショナルな企業などを念頭に）世界市場でのシェア増加と各組織の維持である。

　国家中心的世界においては、究極的な手段は軍事力であるのに対して、多中心的世界においては、究極的な手段は協働からの撤退である。例えば、メンバーの資格を喪失する場合[10]、仲裁判断に従わない企業の評判が落ちることによって取引から排除される場合、環境保護団体が環境汚染をもたらしている企業の製品の不買運動を推し進めることにより、環境基準の遵守が強いられるような場合が考えられるであろう[11]。

　国家中心的世界においては、規範的優先性は主権と法の支配を維持する手続に置かれるのに対して、多中心的世界においては、実質的結果、特に人権や富などの結果に置かれる。ローズノーのこの対比的理解に対しては、反論がなされる可能性があると考えるが[12]、国家法における法の支配の観念の重要性に比較して、多中心的非国家法的世界においては、目的の受容や技術に基づいた実効性が重視されることが多いと考えれば、ひとまずは受け入れることができるであろう。

　国家中心的世界においては、対処事項は限定されているのに対して、多中心的世界においては、無限定である。つまり、何でも目的にすることができる[13]。

　国家中心的世界においては、他の国家と交渉するルールはある程度確立された外交的実践であるのに対して、多中心的世界においては、アドホックで状況依存的な組織間交渉が行われる。

10　Basedow 2008, p. 289 のスポーツ法の例を参照。
11　このような消費者に訴えかけて不買運動を行う手法はしばしば非常に効果的であり、その強制力はほぼ法に近いといわれる。Spiro 1996, pp. 958-962.
12　例えば、国家法もすでに、法の支配に基づいた形式主義的な法から行政国家・福祉国家における実質的な法に変貌し、さらに社会的変化に対応する知識コミュニケーション的なものに移り変わっていると論じられる。Zumbansen 2008, pp. 351, 360-374. また、法多元主義は実質的規範よりも手続を強調する特徴を持つという評価については、Berman 2016, p. 165 参照。
13　対処事項の制限だけではなく、対処法についても、国家中心的世界より非国家的世界の方が制限が少ないことが指摘されている。ソフトローと呼ばれている分野においては、国家法が比例原則や平均的遵守可能性を考慮しなければならないのに対して、ソフトローは高度な目標が設定され、達成されるメリットがあると考えられていることについて、清水 2018、288頁。

国家中心的世界においては、組織内権限分配は階層的であるのに対して、多中心的世界においては、比較的水平的である[14]。

国家中心的世界においては、変化への適応は比較的遅く、多中心的世界においては、比較的早い。国家の裁判所に比べて、非国家的組織による仲裁や紛争解決の早さはしばしば指摘されるところである（Basedow 2008, p298）。

国家中心的世界においては、決定の基本構造は形式的権威や法であるのに対して、多中心的世界においては、権威の種類は多様である（Rosenau 1995, p. 374）。

以上、列挙したが、これら二つの異なった様相を備える政治の磁場が併存し、これらが相互に影響を及ぼし合うものとして、ローズノーは現代の世界情勢を描き出している[15]。

2　二つの世界における六つの組織

前項でみたように、国家組織によって動いている「国家中心的世界」と、非国家的組織によって動いている「多中心的世界」の二つが併存するものとして現代政治世界を捉えるローズノーは、この二つの世界に存在する組織の、より具体的な姿を、六つに分類して説明する。

政治世界における組織的複雑さは、まず、国境を越える組織を三つの型に分けることで、分析の遡上に置かれる。最初の一つは国家中心的世界に属するもので、残りの二つは多中心的世界に属する。その第一は、国家中心的世界の制度的メカニズムにより存在を承認されている国際組織（IO, International Organization）である。具体的には国連とその機関であり、これには国連に加盟する各国家も含まれる。第二は、国連とは無関係に、多中心的世界に存在している非国家的組織であり、ローズノーはこれをトランスナショナルな組織（TO, Transnational Organization）と呼ぶ。第三に、多中心的世界において、国内的

14　この組織内権限分配の変化は「Government から Governance へ」といわれる変化と重なっている。*Cf.*, Zumbansen 2008, pp. 351, 354.
　　「Government から Governance へ」という動きを、government という権威システムと governance という権威システムの対比として表し、ローズノーの国家中心的世界と多中心的世界の対比と重なる部分が多いものとして、Mörth 2006, pp. 120-121.

15　以上のローズノーの二つの法世界の分類は、コットレルによる規制の多様性における public/private, state/international, soft/hard, legislated/negotiated, centralized/diffuse, territorial jurisdiction/functionally defined, horizontal/vertically の対比と大きく重なり合う。*Cf.*, Cotterrell 2015, p. 310.

なあるいは地方的な問題にかかわっている地方政府あるいは非国家的組織であるが、それにもかかわらず、国外の同様の組織と、助言やアイデアの交換のために頻繁に交流しているという意味で、トランスナショナルでかつドメスティックな組織である（TDO, Transnational Domestic Organization）（Rosenau 1995, p. 374）。

　これらはさらに、それぞれ二つに分けられる。IO、TO、TDO のそれぞれが、国家を構成員とするか否かによって区別される。国連は国家のみを構成員とする IO であるが、国連によって公認されている非国家的組織は国際的非国家的組織である。ローズノーの略語とは異なるが、本章では国家を構成員として含む前者を IO（国）、非国家のみを構成員とする後者を IO（非国）ということにする[16]。

　次に、TO においては、国家と、国連により公認されていない非国家的組織が連携している場合と、全く国家を含まず、共通の問題関心を有する非国家的構成員のみが各国から集まっている場合がある。本章では国家を構成員として含む前者を TO（国）、非国家のみを構成員とする後者を TO（非国）ということにする[17]。

　TDO についても同様に地方政府など国家が構成員となっている場合と、非国家的組織である場合がある。本章では、前者を TDO（国）、後者を TDO（非国）ということにする[18]。

　IO（国）の例は国連や米州機構である。IO（非国）の例はアムネスティ・インターナショナルや ICC（国際商業会議所）である。TO（国）の例としては捕鯨やオゾン削減の官民一体の組織的取組が挙げられている。TO（非国）の例はトランスナショナルな企業である。TDO（国）の例は姉妹都市や地方政府などが貿易や文化交流の促進に携わっている場合、TDO（非国）の例はボーイスカウトやアメリカの原住民のイロコイ連邦である。日本でいえば、国連の世界先住民族会議などとの連携関係を有する北海道アイヌ協会などが該当するであろうか。

16　ローズノーにおいては、それぞれ IGO と INGO と略記される。Rosenau 1995, p. 375.
17　ローズノーにおいては、それぞれ TR（Transnational Regime）と TNGO と略記される（*Ibid.*）。Transnational Regime という用語はそのまま用いることも考えたが、六つの分類の対応関係がみえやすいように、本章で示したような略記とした。
18　ローズノーにおいては、それぞれ TDGO と TDNGO と略記される（*Ibid.*）。

煩雑なようにも思われるこの六つの分類の意義は、ローズノーの説明を整理すると以下の点にある。第一に、IOとTOを区別するのは、国境を越えた活動を全て国際的（＝IO）な領域にあるものとみて国家中心的世界に帰属させることをせず、国家的観点からの限定的関心を超えた、多中心的な問題意識に基づいたルールや手続を有するTOの領域の独自性を認めるためである（*Ibid.,* p. 376）。第二に、TDOという分類を行うことの意義は、トランスナショナルな組織の活動の源泉がローカルな活動の内に見出されたり、ローカルな問題意識に支えられたりしていることも多いこと、また今日の世界では一見ローカルな活動であっても、海外での類似の活動や、そこから生じた経験や知識から学び、自らも問題意識や情報や経験的知識を世界に発信する傾向を持っていることを示すことにある。第三に、国家中心的世界においても非国家的組織が活動していること、また反対に多中心的世界においても国家組織が活動の一端を担っている場合があることが示される必要がある。こうして、IO、TO、TDOの三種類の組織的領域のそれぞれにおいて活動する国家組織と非国家的組織という、六つの分類がなされることとなる。

　以下では、この六つの分類のうち、特にトランスナショナルな組織とされているTO（国）とTO（非国）について、簡単に検討を加える。

　TO（国）は、環境保護や人権や金融などの特定の分野において、国家と非国家的組織が連携して対処する仕組みとされており、厳密には一つの組織活動とはいえない場合もあるとされる。しかし、国家組織と非国家的組織が定期的に会合を開いたり、相互に情報交換をしたりしながらトランスナショナルな問題に取り組む準組織的な活動であり、国家中心的世界と多中心的世界の溝を埋めるものとして、今日非常に重要であるとされている（*Ibid.,* p. 384）。トランスナショナルな問題領域での公私協働としても理解される組織形態である。ローズノーの含意は、このTO（国）を、国家組織がメンバーであるにもかかわらず、従来の国家中心的世界観からは十分に説明しきれない現象であるとし、トランスナショナルな多中心的世界の中に置くことにある。

　TO（非国）には、環境や経済開発や女性差別、障がい者差別、人種差別、先住民差別などの各領域でネットワークを形成し、問題への対処を試みる非営利的非国家的組織と、トランスナショナルに営利活動を行う企業が含まれる。非

営利的非国家的組織においては、人権団体と一口でいっても、個々の団体の活動の実態としては、女性差別や障がい者差別など、より問題領域が限定されている場合が多いことが示されている。この実態からは、人権がしばしば国際社会における統一の基本的原理や国際法の体系に含まれるべき普遍的な要素の如く語られるにもかかわらず、現実には、「酸性雨による森林破壊を止めよう」、「絶滅危惧種動物を保護しよう」、「エイズ患者を救済しよう」、などの個別問題と同じレベルでの各問題領域（「女性の社会的地位の向上」「障がい者にやさしい街づくり」など）への対処法の集積であるようにも思われる。またトランスナショナルな企業においては、グローバリゼーションの進捗により、国家による財産収用や国家との敵対関係にさらされる恐れが従来に比べて低下し、国家の制約からの自由が増したとされる（*Ibid.*, p. 389）。また、貿易障壁が下がったこと、コンピュータテクノロジーの発展、金融の自由化は、中小企業の数を増大させるとともに、その活動手段を増やし、GM や IBM など従来型の大企業は徐々に競争に勝てなくなってきているという、組織間競争の新たな側面も指摘されている（実際 GM は 2009 年に倒産し、現在は新組織となっている）。大企業は生き残りのために、合併で組織を拡大していくよりは、ローカルな地の利も期待でき、変化への対応も迅速な中小企業との緩やかな連携の方式を模索しなければならないとされる。グローバリゼーションは特定の先進国の国際的政治力を背景とした、少数の巨大企業による世界市場の支配につながるという見方に反して、国家が従来のような主導権を持たないトランスナショナルな市場では多中心的世界の展開がみられるという分析である（*Ibid.*, pp. 390-391）。

3　二つの世界の今後の見通し

　以上のように、国家中心的世界における組織の活動と、多中心的世界における組織の活動の二つの緊張・協働関係によって構成されるのが今日の世界の姿であるが、今後この世界はどのような方向に進むのであろうか。ローズノーによれば、これに関する四つの競合する見方が存在する。

　第一に、リベラルな楽観的シナリオである。これによれば、世界は、多様な組織が多様な問題に対してそれぞれの対応法を探究しつつも交流していく中で、今は衝突し合う場合も多くある価値観の共有が進み、協働して問題に対処して

いく道が開かれていくであろうとされる。これは、いつの日か世界政府が、普遍化した価値観に基づいて、多様な文化と歴史の中に生きる人々の全てを従わせることができるような実効的権威を打ち立てるであろうということではなく、十分に広範で実効性のある諸規範の下で、二つの世界が相互に承認し合う中で、国家組織と非国家的組織がそれぞれの役割を協調的に果たしていくことになるであろうという考え方である（Rosenau 1995, p. 395）。

第二に、国家の復活というシナリオである。政治的リアリズムの立場を基礎に、急速な変化の時代には非国家的組織が活躍しても、それは一時的なもので、最終的な政治力を保持しているのは国家であり、望むのであれば国家はその自己利益のために非国家的組織に譲り渡した権限を取り戻すことができるし、また、国家は遅かれ早かれ実際にそのように望むであろうという考え方である（*Ibid.*, p. 396）。

第三に、多元主義のシナリオである。これは第二のシナリオの正反対である。多中心的世界が今後も拡大し、国家は非国家的組織の主導権に従わざるを得なくなるに至るであろうと考える。この多元主義的見解は、多様な非国家的組織に世界政治への完全な参加の機会を認めるという点ではリベラルなものであるが、グローバルな問題に対する解決をもたらすような価値観の収斂の可能性については否定的で、このような多かれ少なかれアナーキーな状態においてグローバル・ガバナンスの努力が実を結ぶことについては悲観的である（*Ibid.*）。

第四に、併存の継続というシナリオである。これは、プラグマティックな見方であるとされる。ここでは、国家は今後も世界における中心的アクターであり続け、外交や安全保障については独占的な力を保持する一方で、それ以外の、非国家的組織がよりよく対処し得るような問題領域においては、非国家的組織に委ねていくことになるであろうとされる。そうすると、国家中心的世界と多中心的世界の二極分化は拡大していくということになる（*Ibid.*）。

ローズノー自身は、このうちのどのシナリオが実現するのかは、事態の推移をみてみるより他はないとするが、世界の二分化のダイナミックスにおける国家主権の実効性の後退は本質的なものであるとして、国家中心的世界の優越への回帰はもはやあり得ないと述べている。二つの世界の均衡を図り、国家はトランスナショナルな世界における非国家的組織との連携の方途を探究する方向

に向かうべきだと提言している（*Ibid.*, p. 398）。

Ⅳ　考　察

　以上において、タマナハとローズノーの組織論を参照し、検討した。両者とも現代における組織の増大とその重要性、またその組織がルールや手続や原則によって構成されていること、これらの組織は一元的な国家に還元されるものではなく、企業などの非国家的組織を含む多元的なものとなっていることにおいて認識が共通している。他方で、タマナハには、組織のヒエラルキー的構造とその政治性、権力性を強調する傾向があるのに対して、ローズノーには多中心的世界における組織の内部権限分配の水平性と交渉的性格を強調する傾向がみられる。おそらく、非国家的組織においては、この二つの多様な組み合わせが存在しているのが現状であろう。

　本書の最後に、これまでの章の議論に対して、本章での以上の組織論の考察から得られる示唆を整理しておくことにしたい。

　まず、第1章に対する示唆である。

　この章が、インターネットにおける「帯域制御」という事例から始まったことを思い出してほしい。これは国内の非国家的組織による自主規制が国家法の代替の役割を果たしている事例であった。第1章の議論は、そこから、いわゆる「インターネット法」のトランスナショナルな拡がりに進んでいった。ローズノーの組織論における TDO（Transnational Domestic Organization）という組織分類は、現代世界における、ドメスティックな国内的な非国家的組織とトランスナショナルな非国家的組織の連続性を示すものであった。トランスナショナルな法多元主義は、国内の非国家的組織の活動という我々に身近な経験からもみえてくるものなのである。

　また、第1章のⅢ「**法多元主義における『法』**」の**3「法の機能」**では、本書の採用する「機能的法多元主義」について論じた。これは、一定の政治的領域内での人々の全活動を律する共同体的秩序が、国家法と部族共同体の法や、植民地における宗主国法と固有法のように重なり合っている場合である「共同体的法多元主義」と区別されるものであった。

社会的関係におけるルールとは区別されるタマナハの組織法は、特定の目的を達成するための「組織目的達成のための法」をその内容として含んでいる。既述のように、タマナハは、「機能的に差異化された」あるいは「機能的に施行された」組織という言葉を用いているが、ここでの機能的ということの意味は、環境、医療、社会福祉、教育などの組織の特定目的に沿った活動を指している。包括的な集団としての国家がカヴァーしない活動領域で、あるいは従来の国家の活動領域において国家に加えて出現してくるような社会集団は、インターネットや環境問題やスポーツなどの特定の問題関心を共有することから生じてくるであろうし、その特定の問題意識に即した紛争解決などの機能を発展させるであろう。これらの機能的組織法と、従来からの社会的関係のルールとしての法のタマナハによる区別は、機能的組織法の多元的重なりを意味する機能的法多元主義と、社会的関係のルールの多元的重なりを意味する共同体的法多元主義の区別につながるものと考えられる。

　さらに、第1章では、非国家法を法理論の視野に組み込む必要性を論じたが、本章における組織論はこの主張を補強する関係にある。特にローズノーの論じているように、多中心的世界における非国家的組織の活動が、国家から独立に行われ、国家活動に優先する場合も生じているのであれば、非国家的組織の活動は従来の国家法では統制できない。また、トランスナショナルな世界の展開においては、国家が統制すべきでない活動領域も生じるであろう。しかし、そこには非国家的組織のメンバーの自由意思以外何も存在しないというわけではない。組織における協働の方法を定める基本的な組織維持・組織内統制・組織目的達成のための法が必要であることはタマナハの指摘するとおりである。また、非国家的組織の影響力の大きさからも、タマナハが注意を喚起する組織の権力性からも、何らかのルールや原則や手続が要求されるであろう。このことは、社会において法というものが必要とされた原点に他ならない。確かに、その独自の目的やメンバーの特徴などから、非国家的組織における法は、従来の国家法と大きく違った形式と実質を持つものであり、また持つべきであろう。しかし、集団的生を送らざるを得ない我々に対し、もはや国家組織だけではなく、それと並んで、場合によってはそれに先んじて影響を及ぼしている非国家的組織のルールや原則や手続を、法理論の視野に組み込むことは、以上の組織

論の観点から、必要な理論的作業であると思われるのである。

　本章における国家組織と非国家的組織との緊張・協働関係の描写は、**第1章Ⅴ「法多元主義における記述と規範」**における考察とも深く関わる。そこでは非国家法を法理論の要素として認める法多元主義が、非国家法の規範的内容について何をいうことができるかが問われた。そして、「一つの方法として、我々は規範論において豊富な内容を持つ国家法理論を参照することができる。国家法理論においては、正義、民主主義、自由、平等、権利などの規範的概念が用いられ、立法論やあるべき法についての議論がなされてきた。非国家法においても、必要な修正を加えて、これらの規範的概念や理論立てを参照し、あるべき非国家法について論じることができるであろう」と論じられた。しかし、ローズノーの分析における、TO の領域での国家組織と非国家的組織の連携・協働は、国家組織あるいは国家法も非国家的組織あるいはそれを支える非国家法の在り方から学ぶ可能性と必要性を示している。非国家的組織の措定する機能的問題領域における活動の経験と理論から、国家と国家法も変化の契機を得る。国家法と非国家法は互いに緊張関係にも立ちながら、互いから知恵と経験を得たり、相互の関係性を定めたりするルールを見出していくことができる。

　第2章に対する示唆は何であろうか。

　この章においては、法多元主義における一次ルール、二次ルール、三次ルールの位置づけを考察する際に、コットレルの法理論を参照した。コットレルは、行為規範としての一次ルールについては、なぜ法の視野がルールに限定されなければならないのかと問い、ガイドラインや原理やスタンダードなどの、現に人々の行為を方向づけ、秩序づけている多様な規範が考察対象となるべきであると主張していた。これらの多様な規範を、コットレルは「ドクトリン」と総称し、法とはこのようなドクトリンが制度化されたものであるとする。また、コットレルによれば、この制度化が法にとって枢要である。タマナハの組織論においても、法はハートのいうようにルールに還元されるものではない、特に組織創法は決してルールではない、ということが強調されている。組織や制度化に注目すればするほど、法を一般的な事前のルールには還元できなくなり、また法を二当事者間の権利義務関係に還元することはできなくなり、ルール以外の原理や目的やガイドラインや参照点や一方的規定を含めて法と考えざるを

得なくなり、個人の権利に直接にはかかわらない間接的で手続的な規定に焦点が当てられるようになることがわかる。

　この観点は第3章で考察した、グローバル化の下での福祉制度のあり得べき方向性と密接にかかわっている。第3章では、戦後の先進諸国と日本における福祉国家の変遷と、そこでの経済・政治・法の関係を概観した。その結果、「福祉国家の在り方を決定する力においては、やはり経済や政治の力が大きく、法の役割は限定的であると言わざるを得ないように思われるが、利益集団の組織化や配分手続については組織規範としての法の有効性は存在する」という見解が得られた。より具体的には、日本においては、未組織労働者の利益代表の組織化・制度化や、グローバル社会においては、国境を横断して出現している、富裕層、中間層、貧困層の様々な利益代表の組織化・制度化の技術を提供することが、法において可能な役割であることが主張された。グローバル社会における組織化のアイデアとしてはアフィラーロ＆パターソンの提唱する「貿易会議」を参照した。これは、経済的機会を拡大することの可能な、従来有効な規制の存在していない個別的アジェンダを対象に、アド・ホックな介入を行うことを目的とし、個々のアジェンダごとに利害関係を有する諸国家、企業、私人の代表により構成される個別組織の集積であると考えられていた。投資の受入国や地方公共団体や地域社会の利害関係者などがメンバーとして参加する「貿易会議」は、ローズノーの六つの組織分類の中の、TO（国）にあたる。また、「貿易会議」には必ずしも国家がメンバーとならない場合も考えられるであろうから、その場合は TO（非国）の一つとなるであろう。本章での組織法への注目は、制度の媒介なしでの個人の権利主張が実効性を期待できないようなグローバルな福祉の領域で、非常に重要な示唆を与えてくれると思われる[19]。

　第4章に対しても興味深い示唆が得られる。

　この章では、第1章の導入部分と同様に、国内における法多元主義の事例を考察した。ここで考察の対象となった組織は、非国家的組織である隊友会であり、国家組織である自衛隊であった。この場合は国家と非国家組織の協働が望

---

19 ｜ 福祉の権利だけではなく、人権は近代国家の市民権とは異なり、対応する権利義務関係がないため、何らかの制度化や組織化が図られないことには実現できないものであるといえる。*Cf.*, Turner 2012, pp. 268-270.

ましくないと考えられる事例であった。第4章での議論に対しては、本章の組織論から二つの示唆が浮かび上がるように思われる。

第一には、タマナハが指摘するように、組織とは常に政治性を帯びており、個人に対する強制を伴う危険性があることである。隊友会の事例は、「法多元主義は、理念としては多元的規範の共存による多様な社会協働の道を開こうとするものであるが、現実としては社会的強者や多数者支配に陥りやすいことは指摘されなければならない」という考えを導き出すものであったが、この問題意識は、タマナハの組織論からも補強される。

第二に、ローズノーは、既述のように純粋に国内的な組織については自己の分析の対象とはしていないが、TDO の分析において、今日では完全に国内的に閉ざされて、トランスナショナルには没交渉な組織というものは少なく、Domestic Organization と TDO の間は連続的であることが論じられていた。このような観点から考えると、死者の合祀という宗教的な含意を持つ隊友会の活動が、キリスト教団体の活動とコンフリクトを起こした事例であるとみる、第4章のⅣ「三つの異なった見え方」における第三番目の見方には、そこで論じられていたのと少し違うニュアンスが付け加わることとなる。第4章Ⅳの3の見方の基本にあったのは、「県隊友会の意図は、殉職した自衛官の霊魂を慰め、遺族の気持ちに応じようとしたのみであるのにかかわらず、牧師（H）とその支援グループがことさらにこれを政治問題化し」たという県隊友会側の主張であったが、それはキリスト教団体の組織力の濫用であるという主張としてだけではなく、今日、ドメスティックな宗教的組織活動であっても、キリスト教を含め世界に存在する他の宗教組織との間でのコミュニケーションに巻き込まれることを避けることができなくなっている現状をあらわしている、とも考えられる。組織における独自の価値観、世界観というものが維持されることが組織を作る意味でもある一方で、どのような組織も自己の内側だけをみていればよい時代ではなく、好むと好まざるとにかかわらず、外側の、そしてその外側はトランスナショナルに開かれているような組織間交流にさらされざるを得ないことが、理解されるのではないだろうか。

以上、本書の第1章から第4章までを振り返り、これらに通底する「組織法」「組織論」の意義を捉え直してみた。

もとより、組織というものは、目にみえる実態ではなく、組織の構成員は我々一人一人の個人であり、組織を動かしているのは個人である。しかし、組織における個人は、そこでのルールや原理やガイドラインによって動いている。今日の我々の生活が組織的になればなるほど、組織の政治力の個人的犠牲者を生み出すことのないように、組織を取り巻く法の実態とあるべき姿について、知りつつ、考える必要がある。国家的組織と非国家的組織における国家法と非国家法の実態と、在るべき姿、またその緊張と協働の関係の在り方について、分析し思考する道具を提供しようとするのが本書の法多元主義論の目的である。

参考文献

〈邦語文献〉

明石欽司 2009、『ウェストファリア条約──その実像と神話』慶應義塾大学出版会。

浅野有紀 2011、「社会保障システムの再構想」ジュリスト 1422 号 58-66 頁。

── 2013、「法多元主義と私法」平野仁彦・亀本洋・川濱昇編『現代法の変容』有斐閣、127-151 頁。

── 2014、「私法理論から法多元主義へ」社会科学研究 65 巻 2 号 89-112 頁。

── 2015、「国際知的財産法制に関する分配的正義および人権の観点からの考察」浅野有紀・原田大樹・藤谷武史・横溝大編著『グローバル化と公法・私法関係の再編』弘文堂、第 7 章。

芦部信喜 1988、「自衛官合祀と政教分離原則──合祀拒否訴訟大法廷判決について」法学教室 95 号 6-13 頁。

安周永 2013、「福祉制度変化の理論──改革のプロセスとその動態分析」鎮目真人・近藤正基編著『比較福祉国家──理論・計量・各国事例』ミネルヴァ書房、第 3 章。

エスピン・アンデルセン 2001、『福祉資本主義の三つの世界──比較福祉国家の理論と動態』（岡沢憲芙・宮本太郎監訳）ミネルヴァ書房。

井上達夫 2001、『現代の貧困』岩波書店。

── 2003、『法という企て』東京大学出版会。

岩村正彦 2001、『社会保障法 I』弘文堂。

宇佐美誠 2013、「グローバルな経済的正義」日本法哲学会編『国境を越える正義──その原理と制度』有斐閣、9-26 頁。

江島晶子 2018、「グローバル化社会と『国際人権』──グローバル人権法に向けて」山元一・横山美夏・髙山佳奈子編著『グローバル化と法の変容』日本評論社、69-82 頁。

大屋雄裕 2014、『自由か、さもなくば幸福か？──21 世紀の〈あり得べき社会〉を問う』筑摩書房。

大屋雄裕・松尾陽・栗田昌裕・成原慧 2017、「［座談会］法学におけるアーキテクチャ論の受容と近未来の法」松尾陽編著『アーキテクチャと法』弘文堂、第 8 章。

興津征雄 2018、「グローバル化社会と行政法──グローバル・ガバナンスへの日本の学説の対応」山元一・横山美夏・髙山佳奈子編著『グローバル化と法の変容』日本評論社、83-97 頁。

押村高 2013、「グローバルと正義──主体、領域、実効性における変化」日本法哲学会編『国境を越える正義──その原理と制度』有斐閣、57-71 頁。

尾吹善人 2007、『憲法の基礎理論と解釈』信山社。

戒能通弘 2016、「カール・ルウェリンの法概念──リアリズム法学の可能性」角田猛之・市原靖久・亀本洋編著『法理論をめぐる現代的諸問題──法・道徳・文化の重層性』晃洋書房、第 20 章。

金子充 2017、『入門貧困論──ささえあう／たすけあう社会をつくるために』明石書店。

菊池馨実 2006、「社会保障法制の将来構想（一）──規範的視点からの一試論」民商法雑誌

135 巻 2 号 317-347 頁。

── 2010、『社会保障法制の将来構想』有斐閣。

北山俊哉・城下賢一 2013、「日本──福祉国家発展とポスト類型論」鎮目真人・近藤正基編著『比較福祉国家──理論・計量・各国事例』ミネルヴァ書房、第 14 章。

レスリー・グリーン 2014、「解説」H・L・A・ハート『法の概念〔第 3 版〕』（長谷部恭男訳）筑摩書房。

近藤圭介 2013、「法体系の境界をめぐって──H・L・A・ハートの法理論・再考（一）」法学論叢 172 巻 2 号 38-62 頁、「同（二）」法学論叢 173 巻 1 号 26-47 頁、「同（三・完）」法学論叢 173 巻 2 号 44-70 頁。

── 2017、「グローバルな公共空間の法哲学──その構築の試み」論究ジュリスト 23 号 36-42 頁。

齋藤純一 2011、「社会保障の理念をめぐって──それぞれの生き方の尊重」齋藤純一・宮本太郎・近藤康史編『社会保障と福祉国家のゆくえ』ナカニシヤ出版、第 1 章。

齋藤純一・宮本太郎・近藤康史 2011、「福祉国家・社会保障の構想力」同編『社会保障と福祉国家のゆくえ』ナカニシヤ出版、序。

坂本忠次 2009、『現代社会福祉行財政論──社会保障をどうするか』大学教育出版。

笹川紀勝 1988、「宗教上の人格権の歴史的意義」法律時報 60 巻 10 号 58-63 頁。

佐藤幸治 2011、『日本国憲法論』成文堂。

柴田滋 2011、「ジョン・ロック自然法論の再検討──リバータリアニズムと現代社会法原理の展望に関連して」山田晋他編『社会法の基本理念と法政策──社会保障法・労働法の現代的展開』法律文化社、81-98 頁。

清水真希子 2018、「ソフトロー──民事法のパースペクティブ（一）」阪大法学 67 巻 6 号 1341-1373 頁、「同（二）」阪大法学 68 巻 2 号 395-422 頁。

下平好博 2013、「福祉国家の産業化理論・収斂理論──生成・発展・縮減の理論分析」鎮目真人・近藤正基編著『比較福祉国家──理論・計量・各国事例』ミネルヴァ書房、第 1 章。

新川敏光 2011、「日本型福祉レジーム論をめぐる対話」齋藤純一・宮本太郎・近藤康史編『社会保障と福祉国家のゆくえ』ナカニシヤ出版、第 4 章。

アマルティア・セン 2011、『アイデンティティと暴力──運命は幻想である』（大門毅監訳・東郷えりか訳）勁草書房。

高橋裕 2009、「法文化（legal culture）の概念と法社会学研究におけるその位置──英国法社会学の議論を中心に」日本法社会学会編『市民参加と法』有斐閣、171-187 頁。

瀧川裕英 2017、『国家の哲学──政治的責務から地球共和国へ』東京大学出版会。

田中耕太郎 1953、『法律学概論』学生社。

田中成明 2017、「法の一般的理論としての法概念論の在り方について──現代分析法理学への二方向からの批判を手がかりに」法と哲学 3 号 1-37 頁。

千葉正士 1998、『アジア法の多元的構造』成文堂。

辻健太 2011、「なぜベーシック・インカムが望ましいか」須賀晃一・齋藤純一編『政治経済学の規範理論』勁草書房、第 14 章。

那須耕介 2014、「グローバル化は法概念の改訂を求めているか？」社会科学研究 65 巻 2 号

113-128 頁。

成原慧 2017、「アーキテクチャの設計と自由の再構築」松尾陽編『アーキテクチャと法』弘文堂、第 2 章。

西谷祐子 2017、「グローバルな秩序形成のための課題——国際法と国際私法の協働をめざして」論究ジュリスト 23 号 43-50 頁。

H・L・A・ハート 1976、『法の概念』（矢崎光圀訳）みすず書房。

—— 2014、『法の概念〔第 3 版〕』（長谷部恭男訳）筑摩書房。

濱真一郎 2014、『法実証主義の現代的展開』成文堂。

—— 2018a、「法理論の普遍性について——ジョセフ・ラズの議論を手がかりとして」同志社法学 69 巻 8 号 27-46 頁。

—— 2018b、「H.L.A. ハートの未発表論文『裁量』（1956 年）について」同志社法学 69 巻 7 号 395-459 頁。

原田大樹 2007、『自主規制の公法学的研究』有斐閣。

—— 2015a、「グローバル化時代の公法・私法関係論——ドイツ「国際的行政法」論を手がかりとして」浅野有紀・原田大樹・藤谷武史・横溝大編著『グローバル化と公法・私法関係の再編』弘文堂、第 1 章。

—— 2015b、『行政法学と主要参照領域』東京大学出版会。

平野仁彦 2013、「生命倫理とソフトロー」平野仁彦・亀本洋・川濱昇編『現代法の変容』有斐閣、179-208 頁。

藤谷武史 2015、「グローバル化と『社会保障』」浅野有紀・原田大樹・藤谷武史・横溝大編著『グローバル化と公法・私法関係の再編』弘文堂、第 8 章。

松井茂記・鈴木秀美・山口いつ子 2015、同編『インターネット法』有斐閣。

松尾陽 2017、「『法とアーキテクチャ』研究のインターフェース——代替性・正当性・正統性という三つの課題」同編『アーキテクチャと法』弘文堂、第 1 章。

丸谷才一 1988、『忠臣蔵とは何か』講談社。

棟居快行 2018、「グローバル化社会と憲法」山元一・横山美夏・髙山佳奈子編著『グローバル化と法の変容』日本評論社、53-68 頁。

宮本太郎 2008、『福祉政治——日本の生活保障とデモクラシー』有斐閣。

—— 2011、「社会保障の再編構想と新しい争点」齋藤純一・宮本太郎・近藤康史編『社会保障と福祉国家のゆくえ』ナカニシヤ出版、第 6 章。

山田哲史 2017、「法秩序の多層化・多元化の下での憲法の意義と限界」片桐直人・岡田順太・松尾陽編著『憲法のこれから』日本評論社、134-141 頁。

山田八千子 2018、「市場社会と法——法は市場の公正な競争のために必要か」井上達夫編著『現代法哲学講義〔第 2 版〕』信山社、テーマ 6。

山元一 2009、「グローバル化と政治的リーダーシップ」ジュリスト 1378 号 92-103 頁。

—— 2018、「『国憲的思惟』vs『トランスナショナル人権法源論』」山元一・横山美夏・髙山佳奈子編著『グローバル化と法の変容』日本評論社、3-23 頁。

横溝大 2009、「〈論説〉抵触法の対象となる『法』に関する若干の考察——序説的検討」筑波ロー・ジャーナル 6 号 3-30 頁。

—— 2015、「インターネットにおける非国家的秩序の様相——ICANN と国家との関係を中

心に」浅野有紀・原田大樹・藤谷武史・横溝大編著『グローバル化と公法・私法関係の再編』弘文堂、第 10 章。

―― 2017、「グローバル法多元主義の下での抵触法」論究ジュリスト 23 号 79-85 頁。

〈海外文献〉

Afilalo, Ari & Patterson, Dennis 2009, *Statecraft, Trade and Strategy: Toward a New Global Order,* in ANDREW HALPIN & VOLKER ROEBEN EDS., THEORISING THE GLOBAL LEGAL ORDER, Hart Publishing, ch. 7.

Ahrne, Göran & Brunsson, Nils 2006, *Organizing the World* in MARIE-LAURE DJELIC & KERSTIN SAHLIN-ANDERSSON EDS., TRANSNATIONAL GOVERNANCE: INSTITUTIONAL DYNAMICS OF REGULATION, C.U.P., ch. 4.

Asano, Yuki 2018, *Self-regulations and the Constitutional Law in Japan as seen from the Perspective of Legal Pluralism* in HERALD BAUM, MORITZ BÄLZ, MARC DERNAUER EDS., SELF-REGULATION IN PRIVATE LAW IN JAPAN AND GERMANY, Carl Heymanns Verlag, 147-156.

Basedow, Jürgen 2008, *The State's Private Law and the Economy: Commercial Law as an Amalgam of Public and Private Rule-Making* in NILS JANSEN & RALF MICHAELS EDS., BEYOND THE STATE: RETHINKING PRIVATE LAW, Mohr Siebeck, ch. 12.

BAYLES, MICHAEL D. 1992, HART'S LEGAL PHILOSOPHY: AN EXAMINATION, Kluwer Academic Publishers.

Berman, Paul Schiff 2016, *The Evolution of Global Legal Pluralism* in ROGER COTTERRELL & MAKSYMILIAN DEL MAR EDS., AUTHORITY IN TRANSNATIONAL LEGAL THEORY: THEORISING ACROSS DISCIPLINES, Elgar Studies in Legal Theory, Edwar Elgar Publishing, ch. 6.

Callaghan, Helen & Ido, Masanobu 2012, *Introduction: Varieties of Capitalism, Types of Democracy, and Globalization,* in MASANOBU IDO ED. VARIETIES OF CAPITALISM, TYPES OF DEMOCRACY AND GLOBALIZATION, Routledge, ch. 1.

CALLIESS, GRALF-PETER & ZUMBANSEN, PEER 2010, ROUGH CONSENSUS AND RUNNING CODE: A THEORY OF TRANSNATIONAL PRIVATE LAW, Hart Publishing.

Cotterrell, Roger 2012, *What is Transnational Law?,* 37 LAW & SOC. INQUIRY 2, 500-524.

―― 2015, *Does Global Legal Pluralism Need a Concept of Law?* in UPENDRA BAXI, CHRISTOPHER MCCRUDDEN, ABDUL PALIWALA EDS., LAW'S ETHICAL, GLOBAL AND THEORETICAL CONTEXTS: ESSAYS IN HONOUR OF WILLIAM TWINING, C.U.P., ch. 14.

―― 2017, *Do Lawyers Need a Theory of Legal Pluralism?* in NICOLE ROUGHAN & ANDREW HALPIN EDS., IN PURSUIT OF PLURALIST JURISPRUDENCE, C.U.P., ch. 2.

CULVER, KEITH C. & GIUDICE, MICHAEL 2010, LEGALITY'S BORDERS: AN ESSAY IN GENERAL JURISPRUDENCE, O.U.P.

De Sousa Santos, Boaventura 1989, *Law: A Map of Misreading. Toward a Postmodern Conception of Law,* JOURNAL OF LAW & SOCIETY, 279-302.

Djelic, Marie-Laure 2006, *Marketization: From Intellectual Agenda to Global Policy Making* in MARIE-LAURE DJELIC & KERSTIN SAHLIN-ANDERSSON EDS., TRANSNATIONAL GOVERNANCE: INSTITUTIONAL DYNAMICS OF REGULATION, C.U.P., ch. 3.

Douglas-Scott, Sionaidh 2014, *Brave New World? The Challenges of Transnational Law and Legal Pluralism to Contemporary Legal Theory* in RICHARD NOBLES & DAVID SCHIFF EDS., LAW, SOCIETY AND COMMUNITY: SOCIO-LEGAL ESSAYS IN HONOUR OF ROGER COTTERRELL, Ashgate, ch. 4.

Drori, Gili S. & Meyer, John W. 2006, *Scientization: Making a World Safe for Organizing* in MARIE-LAURE DJELIC & KERSTIN SAHLIN-ANDERSSON EDS., TRANSNATIONAL GOVERNANCE: INSTITUTIONAL DYNAMICS OF REGULATION, C.U.P., ch. 2.

DURKHEIM, ÉMILE 1997, W.D. HALLS TRANS, THE DIVISION OF LABOUR IN SOCIETY, Free Press.

Dupret, Baudouin 2007, *Legal Pluralism, Plurality of Laws, and Legal Practices: Theories, Critiques, and Praxiological Re-Specification,* 1 EUROPEAN JOURNAL OF LEGAL STUDIES, 1, 296-318.

ESPING-ANDERSEN, GOSTA 1990, THE THREE WORLDS OF WELFARE CAPITALISM, Polity Press.

FIELD, NORMA 1991, IN THE REALM OF A DYING EMPEROR, Pantheon Books.

Green, Leslie 2012, Introduction in H.L.A. HART, THE CONCEPT OF LAW, 3rd ed., O.U.P.

Griffiths, John 1986, *What Is Legal Pluralism?,* 18 JOURNAL OF LEGAL PLURALISM AND UNOFFICIAL LAW 24., 1-55.

HABERMAS, JURGEN 1997, BETWEEN FACTS AND NORMS: CONTRIBUTIONS TO A DISCOURSE THEORY OF LAW AND DEMOCRACY, Polity Press.

HART, H.L.A. 2012, THE CONCEPT OF LAW, 3rd ed., O.U.P.

—— 2013, Discretion, 127 HARV. L. REV., 652-665.

Hasegawa, Kiyoshi 2017, *Brian Tamanaha's conception of Law and His Critiques of H. L. A. Hart's Theory of Law* in KOSUKE NASU ED., INSIGHTS ABOUT THE NATURE OF LAW FROM HISTORY, Franz Steiner Verlag, 63-70.

Inoue, Tatsuo 2009, The Ambivalence of Globalization: Toward a Non-Hierarchical Global Society, UNIVERSITY OF TOKYO JOURNAL OF LAW AND POLITICS, vol. 6, 20-45.

Kozuka, Souichirou 2018, *Self-regulation Induced by the State in Japan* in HERALD BAUM, MORITZ BÄLZ, MARC DERNAUER EDS., SELF-REGULATION IN PRIVATE LAW IN JAPAN AND GERMANY, Carl Heymanns Verlag, 109-126.

Lacey, Nicola 2006, *Analytical Jurisprudence versus Descriptive Sociology Revisited,* 84 TEX. L. REV. 4, 945-982.

—— 2013, *The Path Not Taken: H.L.A. Hart's Harvard Essay on Discretion,* 127 HARV. L. REV., 636-651.

LESSIG, LAWRENCE 2000, CODE: AND OTHER LAWS OF CYBERSPACE, Basic Books.

Llewellyn, Karl N. 1940, *The Normative, the Legal, and the Law-Jobs: The Problem of Juristic Method,* 49 YALE L. J. 8, 1355-1400.

LUHMANN, NIKLAS 2004, K. ZIEGERT TRANS., LAW AS A SOCIAL SYSTEM, O.U.P.

MACCORMICK, NEIL 1999, QUESTIONING SOVEREIGNTY: Law, State, and Nation in the European Commonwealth, O.U.P.

Michaels, Ralf 2014, *On Liberalism and Legal Pluralism* in MIGUEL MADURO & KAALO TOURI EDS., TRANSNATIONAL LAW: RETHINKING EUROPEAN LAW AND LEGAL THINKING, Cambridge, ch.

5.

—— 2017, *Law and Recognition: Towards a Relational Concept of Law* in NICOLE ROUGHAN & ANDREW HALPIN EDS., IN PURSUIT OF PLURALIST JURISPRUDENCE, C.U.P., ch. 5.

Michaels, Ralf & Jansen, Nils 2008, *Private Law Beyond the State?: Europeanization, Globalization, and Privatization* in NILS JANSEN & RALF MICHAELS EDS., BEYOND THE STATE: RETHINKING PRIVATE LAW, Mohr Siebeck, ch. 3.

Mörth, Ulrika 2006, *Soft Regulation and Global Democracy* in MARIE-LAURE DJELIC & KERSTIN SAHLIN-ANDERSSON EDS., TRANSNATIONAL GOVERNANCE: INSTITUTIONAL DYNAMICS OF REGULATION, C.U.P., ch. 6.

Nakayama, Ryuichi 2017, *On Legal Instrumentalism After Fukushima* in KOSUKE NASU ED., INSIGHTS ABOUT THE NATURE OF LAW FROM HISTORY, Franz Steiner Verlag, 57–62.

Nishitani, Yuko 2018, *Lex Mercatoria and Self-Regulation in Transnational Perspective* in HERALD BAUM, MORITZ BÄLZ, MARC DERNAUER EDS., SELF-REGULATION IN PRIVATE LAW IN JAPAN AND GERMANY, Carl Heymanns Verlag, 213–243.

NOBLES, RICHARD & SCHIFF, DAVID 2013, OBSERVING LAW THROUGH SYSTEMS THEORY, Hart Publishing.

Oeter, Stefan 2009, *Theorising the Global Legal Order: An Institutional Perspective*, in ANDREW HALPIN & VOLKER ROEBEN EDS., THEORISING THE GLOBAL LEGAL ORDER, Hart Publishing, ch. 4.

Paiement, Phillip 2013, *Paradox and Legitimacy in Transnational Legal Pluralism*, 4 TRANSNATIONAL LEGAL THEORY 2, 197–226.

Pempel, T. J. 2012, *Between Pork and Productivity: Upending the Japanese Model of Capitalism* in MASANOBU IDO ED., VARIETIES OF CAPITALISM, TYPES OF DEMOCRACY AND GLOBALIZATION, Routledge, ch. 6.

RAZ, JOSEPH 1990, AUTHORITY, N.Y.U.P.

Riles, Annelise 2008, *The Anti-Network: Private Global Governance, Legal Knowledge, and the Legitimacy of the State* in NILS JANSEN & RALF MICHAELS EDS., BEYOND THE STATE: RETHINKING PRIVATE LAW, Mohr Siebeck, ch. 6.

—— 2011, COLLATERAL KNOWLEDGE: LEGAL REASONING IN THE GLOBAL FINANCIAL MARKETS, University of Chicago Press.

Roberts, Simon 1998, *Against Legal Pluralism: Some Reflection on the Contemporary Enlargement of the Legal Domain*, 30 JOURNAL OF LEGAL PLURALISM AND UNOFFICIAL LAW 42, 95–106.

Rödl, Florian 2008, *Private Law Beyond the Democratic Order? On the Legitimatory Problem of Private Law "Beyond the State"* in NILS JANSEN & RALF MICHAELS EDS., BEYOND THE STATE: RETHINKING PRIVATE LAW, Mohr Siebeck, ch. 14.

Rosenau, James N. 1995, *Organizational Proliferation in a Changing World* in ISSUES IN GLOBAL GOVERNANCE: PAPERS WRITTEN FOR THE COMMISSION ON GLOBAL GOVERNANCE, Kluwer Law International, ch. 16.

ROUGHAN, NICOLE 2013, AUTHORITIES: CONFLICTS, COOPERATION, AND TRANSNATIONAL LEGAL

THEORY, O.U.P.

Roughan, Nicole & Halpin, Andrew 2017, *The Promises and Pursuits of Pluralist Jurisprudence* in NICOLE ROUGHAN & ANDREW HALPIN EDS., IN PURSUIT OF PLURALIST JURISPRUDENCE, C.U.P., ch. 14.

RUSTAD, MICHAEL L. 2016, GLOBAL INTERNET LAW IN A NUTSHELL, 3rd ed., West Academic Publishing.

SCHEPEL, HARM 2005, THE CONSTITUTION OF PRIVATE GOVERNANCE: PRODUCT STANDARDS IN THE REGULATION OF INTEGRATING MARKETS, Hart Publishing.

Schmitter, Philippe C. with Todor, Arpad 2012, *Varieties of Capitalism and Types of Democracy,* in MASANOBU IDO ED., VARIETIES OF CAPITALISM, TYPES OF DEMOCRACY AND GLOBALIZATION, Routledge, ch. 2.

SEN, AMARTYA K. 2007, IDENTITY AND VIOLENCE: THE ILLUSION OF DESTINY, W.W. Norton.

Shaw, Geoffrey C. 2013, *H.L.A. Hart's Lost Essay: Discretion and the Legal Process School,* 127 HARV. L. REV. 2, 666-727.

Shimazu, Itaru 2017, *From the Viewpoint of Private Law: A Comment on Professor Tamanaha's Paper* in KOSUKE NASU ED., INSIGHTS ABOUT THE NATURE OF LAW FROM HISTORY, Franz Steiner Verlag, 49-56.

Spiro, Peter J. 1996, *New Global Potentates: Nongovernmental Organizations and the 'Unregulated' Marketplace,* 18 CARDOZO L. REV., 957-969.

TAMANAHA, BRIAN Z. 1993, UNDERSTANDING LAW IN MICRONESIA: AN INTERPRETIVE APPROACH TO TRANSPLANTED LAW, Brill.

── 2001, A GENERAL JURISPRUDENCE OF LAW AND SOCIETY, O.U.P.

── 2009, *Law and Society* in DENNIS PATTERSON ED., A COMPANION TO PHILOSOPHY OF LAW AND LEGAL THEORY, 2nd ed., Blackwell, ch. 24.

── 2017a, A REALISTIC THEORY OF LAW, C.U.P.

── 2017b, *Insights About the Nature of Law from History: 2014 Kobe Memorial Lecture* in KOSUKE NASU ED., INSIGHTS ABOUT THE NATURE OF LAW FROM HISTORY, Franz Steiner Verlag, 17-45.

Teubner, Gunther 1992, *The Two Faces of Janus: Rethinking Legal Pluralism,* 13 CARDOZO L. REV., 1443-1462.

── 1997, *Breaking Frames: The Global Interplay of Legal and Social Systems,* 45 AM. J. COMP. L. 1, 149-169.

TIE, WARWICK 1999, LEGAL PLURALISM: TOWARD A MULTICULTURAL CONCEPTION OF LAW, Ashgate.

Turner, Bryan S. 2012, *Global Sociology and the Nature of Rights* in KERI E. IYALL SMITH ED., SOCIOLOGY OF GLOBALIZATION, Westview Press, ch. 22.

TWINING, WILLIAM 2009, GENERAL JURISPRUDENCE: UNDERSTANDING LAW FROM A GLOBAL PERSPECTIVE, C.U.P.

── 2010, *Normative and Legal Pluralism: A Global Perspective,* 20 DUKE J. COMP. & INT'L L., 473-518.

Wai, Robert 2008, *The Interlegality of Transnational Private Law,* 71 LAW AND CONTEMPORARY

PROBLEMS, 107–128.

UNION OF INTERNATIONAL ASSOCIATIONS 2016, YEARBOOK OF INTERNATIONAL ORGANIZATIONS 2016–2017, Vol. 5: Statistics, Visualizations and Patterns, Brill.

VON DANIELS, DETLEF 2010, THE CONCEPT OF LAW FROM A TRANSNATIONAL PERSPECTIVE, Ashgate.

—— 2017, *A Genealogical Perspective on Pluralist Jurisprudence*, in NICOLE ROUGHAN & ANDREW HALPIN EDS., IN PURSUIT OF PLURALIST JURISPRUDENCE, C.U.P., ch. 8.

Waldron, Jeremy 2010, *Legal Pluralism and the Contrast Between Hart's Jurisprudence and Fuller's* in PETER CANE ED., THE HART-FULLER DEBATE IN THE TWENTY-FIRST CENTURY, Hart Publishing, ch. 7.

Zumbansen, Peer 2008, *Law after the Welfare state: Formalism, Functionalism, and the Ironic Turn of Reflexive Law* in NILS JANSEN & RALF MICHAELS EDS., BEYOND THE STATE: RETHINKING PRIVATE LAW, Mohr Siebeck, ch. 15.

—— 2010, *Transnational Legal Pluralism*, 1 TRANSNATIONAL LEGAL THEORY 2, 141–189.

事項・人名索引

あ

ICANN（The Internet Corporation for Assigned Names and Numbers）………………7, 111
アフィラーロ＆パターソン………104, 108, 154

い

生ける法……………………………10, 33, 35
イスラム法（シャリーア）……………14, 43, 113
一次ルール……23, 28, 51, 53-55, 57, 60-65, 69, 71, 72, 78-81, 134-136, 139, 141, 153
一般法理学…………………………………15
インターネット法………6-8, 10, 37, 46, 131, 151
Interlegality……………32-34, 36, 38, 41, 43, 74

う

ウィレンスキー・モデル……………………88
ウェストファリア体制（条約）………8, 12, 15, 17
「埋め込み」…………………35, 36, 51, 86

か

格差（社会）…………………84, 90, 104, 107, 109

き

規制緩和……………………………………84, 88
機能主義（薄い機能主義）……………26, 27, 29-31
機能的法多元主義……29-31, 44, 69, 112, 151, 152
規範多元主義………………………………13, 15
義務賦課ルール………54, 56, 57, 59-61, 134, 135
教会法…………………………………………8
共同体的法多元主義…………30, 69, 112, 151, 152

く

グリフィス…………………………………44, 75
グローバル行政法……………………………18

け

経済的機会のグローバルな保障……104, 107, 108
結社の自由…………………………………22, 124
ケルゼン………………………………………12
権威…………………………68, 70, 79, 82, 146
権能付与ルール……………………135, 136, 138

こ

憲法………………………36, 38-40, 42, 51, 52, 84, 113-116, 124, 138

こ

構造的カップリング………36-38, 41, 51, 55, 80
公務員…………………………23, 24, 59, 78
国際オリンピック委員会（IOC）……………9, 62
国際私法………………13, 14, 33, 34, 36, 43, 50, 61, 62, 73, 74
国際法………13, 17, 62, 63, 76, 80, 91, 141, 149
国家中心的世界………………144-146, 148-150
国家法一元主義……………………………11
コットレル………53, 62-72, 78, 79, 81, 153
Code………………………………………8
コミュニティ………………………67-70, 78, 79
根本規範（秩序）………………………12, 51

さ

財の特殊性（特殊的財）………92, 94, 95, 97
産業化理論………………………………………88
三次ルール………………55, 61, 62, 69, 71-74, 77, 79, 80, 153
サントス………………………………………29, 32

し

自衛官合祀（訴訟）…………113, 127, 129, 131
（法の）志向性（orientation）……25-27, 31, 139, 141
自己決定権………………97, 102, 103, 108
自己責任（論）……………………………86, 98
自主規制……………4-8, 10, 17, 19, 21, 22, 39, 96, 101, 111-113, 131
（憲法の）私人間効力（私人間適用）………116, 124
信教の自由………………116, 117, 121, 123
システム論…………35-39, 41, 42, 50, 51, 55
自然法…………………………………………10, 12
社会的源泉テーゼ………………24, 25, 29, 46
シュミッター＆トドル……………………92, 93
承認のルール………12, 23, 28, 50-53, 58, 59, 61, 74-78, 80, 81, 138, 139
人権………………………22, 39, 51, 97, 149
新自由主義……………………………84, 88, 89
神道…………………113, 117-119, 122, 123, 127

165

事項・人名索引

森林管理協議会（Forest Stewardship Council）
·····································9, 68

す

スポーツ法·····························9, 111, 131

せ

西欧法中心主義·······························15
生活世界の植民地化···························38
政教分離································114-116
生存権··················84, 97, 101, 102, 109
制度化されたドクトリン···········53, 65, 66,
68, 69, 153
制度的事実·····································57
西部の法·······································8
（国家承認に関する）宣言説と構成説·········76, 77
専門家····················21, 22, 39, 43, 68, 79

そ

組織論···········131, 132, 135, 142, 151-153, 155
ソフトロー····································78

た

多国籍企業····································50
多中心的世界·····················144-146, 148-152
タマナハ·················23-26, 29, 81, 132-139,
141, 142, 151-153, 155

ち

仲裁·············33, 34, 40, 43, 49, 52, 70, 80, 146
頂点への競争··························83, 84, 109

つ

通信の秘密···································2, 4
津地鎮祭判決·································115
強い意味での法多元主義···········44, 45, 75, 76

て

底辺への競争··························83, 84, 109
手続的正義····································19
デュルケーム·············21, 22, 24, 25, 28, 29, 43
電気通信事業法·····························2, 6, 15

と

トイプナー·············37, 39, 40, 50-53, 55, 78, 80
道具主義（法の道具主義的な使用）·········139, 140
東部の法·······································8

ドメイン名·····································7
トランスナショナル・ロー············62, 63, 141
トワイニング···········15, 16, 25-31, 33, 45, 81

な

内的視点································57, 59, 78

に

二次ルール··················23, 28, 50-55, 57-60,
62-66, 69, 71-74, 78-81,
134-136, 138, 139, 141, 153
日本型福祉社会（国家）論············100, 101, 103

は

パターナリズム··················98, 102, 109
ハート·············12, 15, 16, 23-25, 28, 53-55,
57-60, 62, 63, 65, 74, 75, 78, 80,
131, 132, 134-139, 141, 142, 153
ハーバーマス······························38, 41

ひ

比較優位································90, 104
開かれた民主制·······························19

ふ

フォン・ダニエルズ·············53-65, 69, 71,
72, 74, 78, 79, 81
ブレトン・ウッズ体制············89-91, 104, 106
文化人類学·····················29, 33, 42, 45
分業（社会分業）············21, 22, 28, 30, 35
分析哲学（分析法理学）·············15, 16, 46, 55,
72, 78, 80, 81
分離テーゼ···················24, 25, 29, 46

ほ

貿易会議························104-108, 154
（国家法的）法実証主義·········12, 16, 23-27, 29,
63, 73, 74, 79-81, 142
法社会学·············15, 20, 35, 66, 67, 72, 81
法性（legality）·············10, 66, 72, 78
法と社会の鏡理論·····························23
法の仕事（理論）··············25, 27, 28, 31
補助金（政策）·····························99, 100

ま

マコーミック···································76
マリノウスキー································20

み

ミヘールズ……………………………53, 73-81
民営化…………………………………… 19, 85

も

目的効果基準………………………………116

や

靖国神社法案………………………… 122, 123

よ

弱い意味での法多元主義……… 44, 45, 75, 77, 81

り

立憲主義………………………………… 12, 40
リベラリズム（リベラル）……… 43, 44, 47, 126, 149

る

ルウェリン…………………………… 25, 27-29
ルーマン………………………………… 42

れ

レークス・スポルティバ（lex sportiva）
　　──→スポーツ法
レークス・メルカトーリア（lex mercatoria）
　　……………………9, 39, 40, 43, 49-52, 111
レッシグ………………………………… 8
連繋ルール…………………… 55, 61, 62, 69, 74, 79

ろ

ローズノー………………… 132, 142-152, 154, 155
ローハン………………………………… 70
ロマ法…………………………………14, 112

浅野有紀（あさの　ゆき）

1969 年　京都府生まれ
現　　職　同志社大学司法研究科教授
1991 年　京都大学法学部卒業
1994 年　同大学大学院法学研究科修士課程修了
2002 年　京都大学博士号（博士）取得
主要著作　『法と社会的権力』（岩波書店・2002 年）、『法のグロー
　　　　　バル化と公法・私法の再構成』（共編著、弘文堂・2016
　　　　　年）、「権利と法秩序─自己決定権論の一側面」民商法
　　　　　雑誌 134 巻 4 号（2006 年）、「社会保障制度の再構築」
　　　　　井上達夫編『現代法哲学講義〔第 2 版〕』（信山社・
　　　　　2018 年）

法多元主義
──交錯する国家法と非国家法【法哲学叢書［第Ⅱ期］1】

2018（平成30）年11月15日　初版1刷発行

著　者　浅野　有紀
発行者　鯉渕　友南
発行所　株式会社　弘文堂　　101-0062 東京都千代田区神田駿河台1の7
　　　　　　　　　　　　　　TEL 03(3294)4801　振替 00120-6-53909
　　　　　　　　　　　　　　http://www.koubundou.co.jp

装　丁　笠井　亞子
印　刷　三　陽　社
製　本　牧製本印刷

© 2018 Yuki Asano. Printed in Japan
[JCOPY]〈(社)出版者著作権管理機構　委託出版物〉
本書の無断複写は著作権法上での例外を除き禁じられています。複写される場合は、
そのつど事前に、(社)出版者著作権管理機構（電話 03-5244-5088、FAX 03-5244-
5089、e-mail: info@jcopy.or.jp）の許諾を得てください。
また本書を代行業者等の第三者に依頼してスキャンやデジタル化することは、たとえ
個人や家庭内での利用であっても一切認められておりません。

ISBN 978-4-335-30096-7

法哲学叢書 第Ⅱ期刊行にあたって

●現代社会における法のあり方をラディカルに問い直す法哲学の最前線！

1990年に刊行開始した法哲学叢書は好評を博し、2016年に10巻目が上梓されるに至った。これを機に、執筆陣に若手中堅の気鋭の研究者を新たに加え、テーマにも新たな先端的課題を多く取り込んで、シリーズの刷新を図り、法哲学叢書第Ⅱ期として世に問う次第である。

第Ⅱ期では、法制度・政治システムの批判的再編原理の構想に繋がる先端的問題が扱われるとともに、新たな法哲学的アプローチの可能性も検討される。これに加えて、グローバル化の進展により主権国家秩序が揺らぐ一方で、それへの反動が高まるという現代世界の新たな問題状況に関わるテーマにも意欲的に挑戦する。

現代法哲学は、現代社会・現代世界の根本的にして先鋭な問題に切り込んで、自らの学問的地平を拡大深化させると同時に、実定法学・哲学・倫理学・政治学・経済学など関連領域との学際的フィードバックを促進している。このような現代法哲学の多彩な展開の現状と方向を、可能な限り広い読者層にわかりやすく示すのが、本叢書第Ⅰ期の企図であった。この企図を継承し、さらに果敢に遂行することが、第Ⅱ期において試みられる。

◆第Ⅰ期◆

新版 自由社会の法哲学[オンデマンド版]	桂木　隆夫	4500円
権利・価値・共同体	長谷川　晃	3689円
神と国家と人間と	長尾　龍一	2913円
合理的選択と契約	小林　公	3495円
法と比喩[オンデマンド版]	松浦　好治	3500円
財産権の理論	森村　進	3800円
現代社会と裁判[オンデマンド版]	田中　成明	4200円
現代人権論[オンデマンド版]	深田　三徳	6500円
自由の契約法理論	山田八千子	3500円
遵法責務論	横濱　竜也	3600円

◆第Ⅱ期◆

法多元主義─交錯する国家法と非国家法	浅野　有紀	3600円
関係の対等性と正義	森　悠一郎	
法秩序と集合的交換	鳥澤　円	
国際法哲学の復権	郭　舜	
生と死の法理	奥田純一郎	
多文化主義の法哲学	石山　文彦	
仕事の正義	大澤　津	
税の正義	藤岡　大助	
移民の正義	浦山　聖子	
リスクの法哲学	若松　良樹	
刑罰の法哲学	瀧川　裕英	
批判的民主主義	井上　達夫	

弘文堂

＊価格（税別）は2018年11月現在